直播间实战

全攻略

实战

搭建+拍摄+剪辑+复盘

吴炜 神龙工作室 编著

人民邮电出版社

北京

图书在版编目（ＣＩＰ）数据

直播间实战：搭建＋拍摄＋剪辑＋复盘全攻略 ／ 吴炜
编著 . -- 北京 ：人民邮电出版社，2023.12
　　ISBN 978-7-115-62734-6

　　Ⅰ．①直… Ⅱ．①吴… Ⅲ．①网络营销　Ⅳ.
①F713.365.2

　　中国国家版本馆CIP数据核字（2023）第 182146 号

◆ 编　　著　吴　炜　神龙工作室
　　责任编辑　赵　轩
　　责任印制　胡　南

◆ 人民邮电出版社出版发行　　北京市丰台区成寿寺路 11 号
　　邮编　100164　电子邮件　315@ptpress.com.cn
　　网址　https://www.ptpress.com.cn
　　涿州市殷润文化传播有限公司印刷

◆ 开本：720×960　1/16
　　印张：11　　　　　　　　2023 年 12 月第 1 版
　　字数：195 千字　　　　　2023 年 12 月河北第 1 次印刷

定价：69.80 元
读者服务热线：(010)84084456-6009　印装质量热线：(010)81055316
反盗版热线：(010)81055315
广告经营许可证：京东市监广登字 20170147 号

目录 Contents

第1章 绪论

第2章 直播设备的配置

第3章 直播间场景布置

第4章 直播拍摄

第5章 直播视频的录制与后期处理

第6章 直播复盘数据分析

第7章 打造不同类型的直播间

第8章 直播视频切片与发布实战

前　言

　　随着互联网的发展，直播迅速兴起并呈现爆发式增长，它利用互联网信息传播快速、内容丰富、交互性强、不受空间限制等优势，加强了宣传推广的力度。直播的形式多种多样，如音频直播、视频直播等。相比其他信息传播方式，直播更直观、传播速度更快。

　　目前，直播涉及的领域越来越广泛，如电商、教育、旅行、美食、影视、音乐及游戏等，这说明直播行业的发展趋于精细化与专业化。那么，打造一个夺人眼球的直播间就显得尤为重要。如果想在这个人人皆可直播的时代获得一席之地，就必须在直播前做好充分的准备，全面了解直播行业的动态，衡量好各方面的因素，积极做好直播规划，学会更多直播技能。

　　通过学习本书，读者能够掌握直播相关的知识和技能，整体把握直播风格，满足用户的喜好，打造拥有独特风格的直播间，吸引更多用户点击，成为一名优秀的主播。

　　特别提醒：书中抖音、快手等直播软件的界面，包括账号、作品、粉丝量等相关数据，都是笔者写稿时的情况，若图书出版后相关信息有更新，请读者以实际情况为准，根据书中的思路举一反三进行操作。

　　虽然书中内容经笔者反复修改，力求严谨，但由于笔者水平有限，书中仍可能存在诸多不足之处，恳请读者批评指正。

第 **1** 章

绪论

1.1 直播概述

随着互联网的发展、智能手机的普及、网速的提升以及流量费用的降低，人们的生活变得越来越丰富多彩，枯燥的图文消息已经不能满足大众的需求。视频直播相对于文字、表情和录播视频而言，交互性更强，社交效率更高，更具真实感、实时性，更能满足用户需求。

1.1.1 认识直播

直播以互联网技术为依托，具有实时性强、互动性强、真实性强的特点。现场直播结束后，直播活动举办方还可以为用户提供重播、点播服务，这样做有利于扩大直播的影响范围，最大限度地发挥直播的价值。

直播的优势在于以下几个方面。

●门槛低，人人可参与

随时随地可以直播，摆脱了传统视频直播对场景的限制。人人都可以直播，成为内容的生产者。

●真实场景，互动性更强

直播区别于图文的最大特点就是所见即所得，真实展现直播场景。直播过程中主播和用户可以有效地沟通交流，互动性更强。

●紧跟时代潮流，符合大众习惯

直播迎合大众习惯，逐渐蔓延至大众生活的方方面面，成为一种新的社交方式，甚至成为了一种新的形态。

1.1.2 直播的发展历程

最近几年，直播成为一个超级风口。各大直播平台为了抢占市场份额可以说想尽办法，市场一度处于白热化状态，竞争的激烈程度可谓空前绝后。很多领域都和直播结合，生怕搭不上直播红利的班车。那么直播到底是怎样兴起的呢？下面让我们简单了解一下直播的发展历程，如图1-1所示。

1.0 起步期	2.0 发展期	3.0 爆发期	4.0 成熟期
◆	◆	◆	◆
PC 秀场直播	PC 游戏直播	手机直播	直播 +

图1-1

● **1.0 起步期——PC 秀场直播**

从 2005 年到 2013 年，网络直播市场随着互联网的发展逐渐兴起，其中以 YY 直播为代表的 PC 秀场直播模式最为人熟知。

● **2.0 发展期——PC 游戏直播**

到了 2014、2015 年，网络直播市场进入新一轮的发展期，尤其是游戏直播的出现，使得网络直播在大量游戏玩家的推动之下"一夜爆红"。

● **3.0 爆发期——手机直播**

2016 年，网络直播市场迎来了真正的爆发期。手机以及其他移动设备直播成为网络直播的新兴市场，备受各大直播平台的青睐。2016 年可以说是手机直播的"元年"，网络直播市场真正进入全民时代。

● **4.0 成熟期——直播 +**

随着互联网技术的应用逐渐深入，直播渐有变成一种基础性的功能或服务的趋势，越来越多的专业领域与直播相结合，如电商、教育等，提供专业、优质的内容，这就是目前网络直播市场在直播 + 时代的状态。

1.2 直播间基础知识

要想获得好的直播效果，我们需要掌握基本的直播间设备知识与技术，例如直播设备选择方法、直播场景布置技巧、直播画面构图等。

1.2.1 直播设备选择方法

正所谓"工欲善其事，必先利其器"，要做好直播，首先要选择适合自己的直播设备。但是由于直播设备价格不一、性能参差不齐，因此，掌握直播设备选择方法、避开选择误区是很重要的。下面介绍几个直播设备选择方法，如图 1-2 所示。

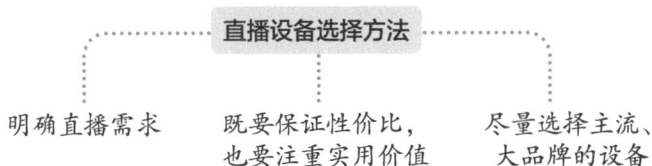

直播设备选择方法

| 明确直播需求 | 既要保证性价比，也要注重实用价值 | 尽量选择主流、大品牌的设备 |

图1-2

1. 明确直播需求

不同直播类型对直播设备的需求是不同的，而且直播设备会直接影响直播效果。例如，唱歌主播和带货主播对直播设备的需求是截然不同的，在预算有限的情况下，唱歌主播对声卡和麦克风的要求更高，而带货主播对视频设备、背景、灯光等方面的要求更高。因此，主播一定要结合自己的直播类型，明确自身的需求。

2. 既要保证性价比，也要注重实用价值

在选择直播设备时，要根据直播需求，选择高性价比且实用的设备，既不能单纯为了节约成本选择低端设备，也不能一味追求高端设备。因为，如果选择的都是低端设备，在实际直播的时候某些设备很可能无法满足直播需求，而频频出问题，这样就得重新选购直播设备，额外增加各种成本；而如果选择的都是高端设备，也是没必要的，因为这些设备的很多功能对直播来说可能是多余的，这也是一种浪费。

3. 尽量选择主流、大品牌的设备

在选择直播设备的时候应尽量选择主流、大品牌的设备，这样做主要有以下 3 个方面的原因。

① 大品牌的产品质量相较而言更有保证。

② 选择主流设备的用户较多，可以降低自己的出错率。

③ 主流、大品牌的设备相对保值，在淘汰或更换时，便于二手交易。

|1.2.2| 直播场景布置技巧

一场直播要想吸引用户、留住用户，除了主播和直播内容吸引人外，直播间的场景布置也是非常重要的。相对来说，干净整洁、有设计感的直播间更容易吸引用户停留。如果直播间过于凌乱、昏暗或者压抑，让用户在视觉上的感受太差，就无法留住用户。

要想获得一个视觉效果好的直播间，我们可以从直播间的整体布局、背景布置、灯光布置等多个方面进行设计。

1. 直播间的整体布局

直播间的整体布局就是不同功能区的位置分配，分配的原则是画面中仅显示需要展示的内容，例如带货直播间只需要显示商品、主播和背景，才艺直播间只需要显示主播和背景，如图 1-3 所示。

带货直播间　　　　　　　　才艺直播间

图1-3

　　具体来说，带货直播间只需要让主播和需要展示的商品出现在直播画面中，其他的工作人员及不需要展示的商品不应出现在直播画面中。直播团队对直播间的整体布局进行设计时，可以参考图 1-4。

待讲解商品	背景区		待讲解商品
	主播活动区和商品展示区		
提示区	摄像机摆放区	监视器摆放区	
其他工作人员活动区			

图1-4

2. 直播间的背景布置

　　主播身后的背景，可以是一面墙或窗帘，也可以是窗户等。为了避免直播间显得过于空旷，可以适当地丰富直播场景，如摆放一些装饰物、置物架等。直播场景怎么布置，才能体现直播间的风格，辅助提升观众的视觉体验呢？可以从以下几个方面入手。

● 背景颜色

直播背景一般选择纯色，并且以浅色为佳，这样会显得更精简，视觉效果更好。因为深色通常会给人带来视觉上的压迫感，让人感到不舒服。浅色背景与深色背景的对比如图1-5所示。

图1-5

● 装饰点缀

如果直播间的空间比较大，为了避免直播间显得过于空旷，可以适当地用装饰物点缀直播背景。例如，可以在背景墙上挂一幅装饰画，在场景中放一些小盆栽、小玩偶等，但是要保持直播画面干净整洁，装饰物不可过多。恰当的装饰与烦琐的装饰的对比如图1-6所示。

图1-6

如果遇到节日，可以在背景中适当地布置一些跟节日相关的装饰，以此来吸引观众的目光，提升直播间人气，如图1-7所示。

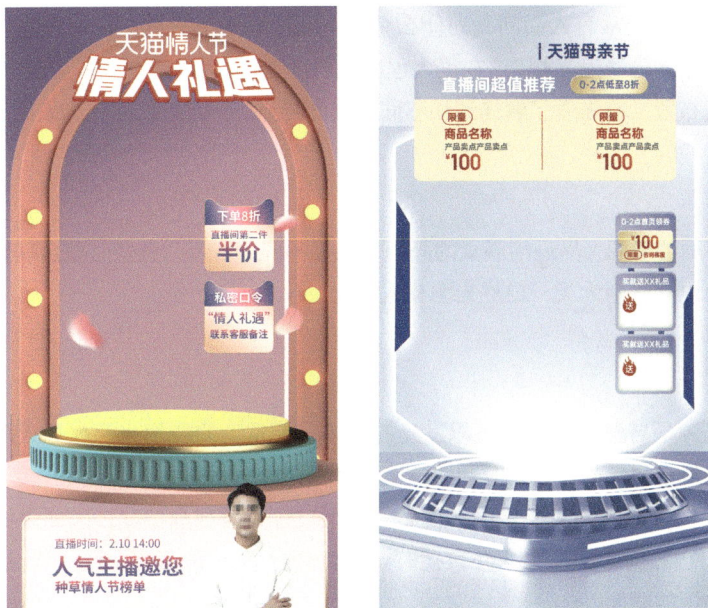

图1-7

● **置物架**

对于一些综合类直播间，若直播背景的风格与直播调性不符，就可以用置物架来调节。例如，在背景中放置置物架，再在其上放置小件商品，或者体现主播品味的小物件等，如图1-8所示。

图1-8

3. 直播间的灯光布置

　　一个有吸引力的直播间除了合理的布局和适当的背景布置外，最重要的就是良好的灯光布置了。经常有人会问，为什么有的主播的脸看上去这么白皙透亮，而有的主播的脸看上去却暗淡无光呢？这在很大程度上与灯光布置有关。灯光布置是一项技术活，要做好灯光布置，首先要了解光源和不同光线的特点。

● **光源**

　　使用不同的光源，呈现给观众的画面效果是不同的，因此直播时要合理利用光源。光源一般可以分成两大类：自然光源和人造光源。

自然光源

　　自然光源是自然界中自身可以发光的物体，最常见的自然光源就是太阳，自然光源发出的光线是自然光。随着时间的推移，自然光的强弱和方向都会发生变化。因此，自然光是比较难把控的。但是由于自然光源比较容易被观众接受，因此主播在直播时依然会使用它。例如主播在户外直播时就会用到自然光源，图1-9所示就是以太阳作为主光源拍摄的画面。

图1-9

人造光源

　　人造光源就是指人类创造出的可以发光的物体，常见的人造光源有各种日光灯、手机的闪光灯、蜡烛等。人造光源的可控性较强，主播在进行直播时，可以通过调整人造光源的强弱、方向及角度等，获得一些特殊的效果，增强画面的视觉冲击力。在图1-10中，灯串作为光源，使画面更具氛围感、更明亮。

图1-10

● **不同光线的特点**

布置灯光时，合理利用不同光线的特点，才能在直播时获得更佳的色彩和画面质量。

光线按光位可以分为顺光、侧光、逆光、顶光、底光等，如图1-11所示。不同的光线有不同的特点。

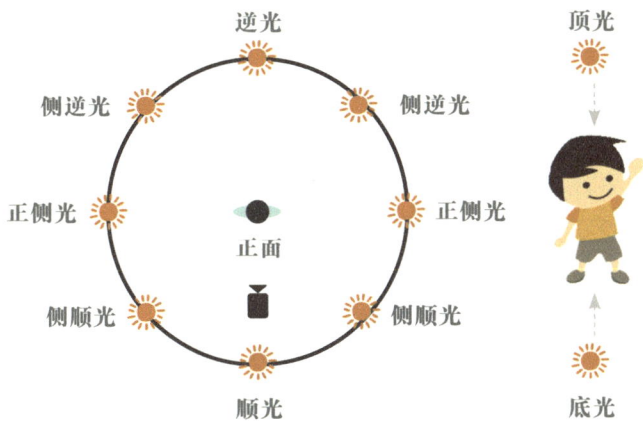

图1-11

图1-12

顺光

顺光也叫正面光，指的是投射方向和拍摄方向相同的光线。顺光拍摄时，被摄主体受到均匀照明，画面影调比较柔和，能表现出被摄主体表面的质地，比较真实地还原被摄主体的色彩，如图 1-12 所示。

但是顺光下画面的色调和影调只能靠被摄主体自身的色彩来营造，画面缺乏层次和光影变化，空间立体感也较差，艺术气息不强。因此，我们可以通过画面中的线条和形状来凸显透视感，从而突出画面中的主体。

侧光

侧光指从侧面射向被摄主体的光线。侧光能使被摄主体有明显的受光面和背光面，产生清晰的轮廓，形成明显的阴影，有鲜明的层次感和立体感。

侧光又可细分为侧顺光、正侧光和侧逆光。侧顺光指从 45 度角方位照射过来的正面侧光，是最常用的光线；正侧光指 90 度侧光，光线从被摄主体正侧面照射过来；侧逆光来自被摄主体的侧后方，与被摄主体成 135 度角。采用不同角度的侧光，可以突出被摄主体的不同部位，摄像师在进行直播拍摄的过程中，需要根据所需的画面效果采用不同角度的侧光。

一般来说，正侧光不宜用来拍摄人物，它会使人物形成一半明一半暗的"阴阳脸"，不是很美观。这时可以使用闪光灯等对人物面部暗处补光，以减弱面部的明暗反差。但在表现有个性的人物或者男性的阳刚之气时，经常会用到正侧光，如图 1-13 所示。

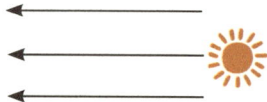

图1-13

采用侧逆光可以拍出具有轮廓美感的发丝光效果，如图 1-14 所示。

图1-14

侧顺光兼具顺光与侧光两种光线的特征。采用侧逆光拍摄既可以保证被摄主体的亮度，又可以使其明暗对比得当，有很好的塑形效果，如图 1-15 所示。侧逆光是单光源补光时较理想的光线。

图1-15

逆光

逆光也叫作背光、轮廓光，是从被摄主体的背面投射过来的光线。逆光拍摄时，光线照射的方向与镜头取景的方向在同一条轴线上，但方向完全相反。逆光拍摄能够清晰地勾勒出被摄主体的轮廓，被摄主体只有边缘部分被照亮，从而形成轮廓光或者剪影的效果，这对表现人物的轮廓特征，以及把物体与物体、物体与背景区分开来都极为有效。逆光拍摄能够获得造型优美、轮廓清晰、影调丰富、质感突出和生动活泼的画面效果。摄像师在逆光拍摄时，需要注意背景与陪体以及时段的选择，还要考虑是否需要使用辅光等。

在图1-16中，在逆光的照射下，被摄主体的发丝更明显，身体的边缘线条也呈现出来，人物显得更立体；而且摄影师恰当地运用了眩光，使画面产生了朦胧、唯美、浪漫的效果。

图1-16

顶光和底光

顶光顾名思义，就是从上方照射下来的光线。这种光线会使人们凸出来的部分更明亮、凹进去的部分更阴暗。例如，它会使人物的额头、颧骨、鼻子等凸出的部位被照亮，而使眼睛、鼻子下方等位置出现阴影。顶光通常用来反映人物的特殊精神面貌，如图 1-17 所示。

图1-17

　　底光则是指从下方照摄上来的光线。底光更多出现在戏剧舞台照明中，低角度的反光板、广场的地灯、桥下水流的反光等也带有底光的性质。图 1-18 所示为底光拍摄得到的画面。

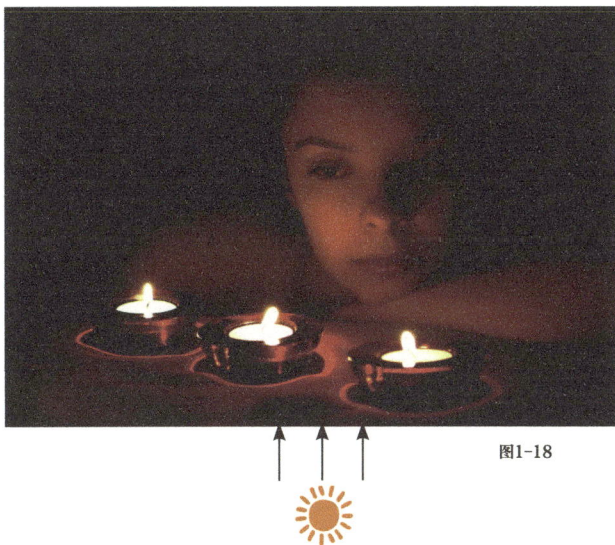

图1-18

|1.2.3| 直播画面构图

直播画面构图是影响直播画面视觉效果的关键因素。构图不好,会让观众感觉不适,无法长时间在直播间停留。

● 直播画面的基本要素

直播画面是由主体、陪体和环境 3 种基本元素构成的。

主体

主体就是画面的主要表现对象,它既是画面的内容中心,也是画面的结构中心,还是吸引观众眼球的视觉中心。主体可以是一个对象,也可以是几个对象;可以是一个人,也可以是一件物品。不论主体是什么,都要保证突出主体。一般来说,突出主体的方法有两种。一种是直接突出主体,让主体充满画面,再配合适当的光线和拍摄手法,使之更引人注目,如图1-19 所示。

另一种是间接突出主体,就是通过对环境的渲染来烘托主体,主体不一定要占据大部分画面,但会处于画面中比较显要的位置,如图1-20 所示。

图1-19

图1-20

陪体

陪体用来给主体做陪衬,起到突出主体的作用。如果说主体是一朵红花,那么绿叶就可能是陪体。由于有陪体的衬托,整个画面的视觉语言会更加生动、活泼。需要注意的是,陪体主要是用来突出主体的,千万不能喧宾夺主。在图 1-21 中,主体为九宫格火锅,周围的食材为陪体。

环境

除了主体和陪体外,画面中还有些元素是作为环境的组成部分存在的,对主体、情节起一定的烘托作用,以加强主题思想的表现力。环境包括前景和后景两个部分:处在主体之前的对象称为前景,处在主体之后的对象称为后景。图 1-22 就交代了丰富的环境信息,与主体形成呼应。

图1-21

图1-22

● 直播画面构图的基本原则

好的构图能够完成画面造型，表现节奏和韵律，是直播观感的直接体现，其根本目的是使直播的主题和内容获得尽可能完美的展现。在直播过程中，摄像师需要了解直播画面构图的一些基本原则。

画面简洁

直播画面构图，首先需要做到画面简洁。"简"即简单，又与"减"同音，即运用减法。"洁"即整洁，又与"结"同音，即明晰的结构。要想获得简洁的画面，摄影师需要处理好主体、陪体和环境的关系。我们可以采用减法原则，如内容减法，将与主题不相关的元素都尽量从画面中删除，使背景自然干净，从而更加突出主体，如图1-23所示。

图1-23

画面中的所有元素要错落有致地排列，元素之间不能有不恰当的粘连，如从一个人的头上"长出"一根电线杆或一棵树，就会给画面"减分"。

画面均衡

均衡是获得良好构图的一个重要原则，均衡的画面能在视觉上产生形式美感。简单来说，均衡是指在线条、形状、明暗、色彩等方面达到协调，能使画面协调完整、富有美感。均衡不是将画面平均分，而是让画面在视觉上产生稳定感，既不头重脚轻，也不左右失衡。均衡也不是对称，对称的画面常常给人沉闷感。要达到均衡这一境界，画面中的形状、色彩和明暗区域应互相补充与呼应，如图1-24所示。

图1-24

黄金分割

如果将被摄主体安排于画面中心，画面将给人静止的感觉，并且有时候会显得呆板。如果将被摄主体安排在偏离画面中心的地方，我们会发现效果比之前好很多。那到底该将被摄主体安排在画面的什么地方呢？这个时候就要用到黄金分割法了。黄金分割是指将整体一分为二，较大部分与整体部分的比值等于较小部分与较大部分的比值，其比值约为0.618。这被公认为最能产生美感的比例，因此被称为黄金分割比例。其中最常用的构图工具有"黄金螺旋"（图1-25）和"黄金九宫格"（图1-26）。

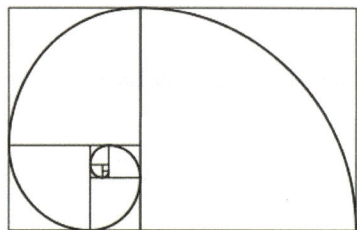

图1-25

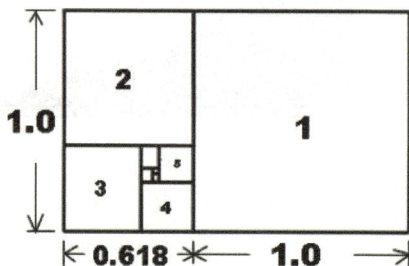

图1-26

第 **2** 章

直播设备的配置

2.1 常用的直播硬件平台

目前，比较常用的直播硬件平台主要有 2 种：手机和 PC（计算机，常被称"电脑"）。手机自带摄像头和麦克风，一部手机就可以做一场直播。手机作为直播工具，非常方便，无论走到哪里，随时随地都能开播。但是随着大家对直播的要求越来越高，很多主播及一些直播团队转而选择电脑直播。因为 PC 比手机的功能更为完备，也更能增进主播与观众的交流，增加粉丝的黏性。

2.1.1 手机直播

随着移动通信技术的不断发展，5G 时代已经到来，手机上网越来越方便，网速也越来越快。使用手机直播最明显的优势就是简单、方便，用户只需要一部手机，然后选择安装一款直播平台的 App（软件），即可进行直播，如图 2-1 所示。

手机直播用到的主要直播设备就是手机，用户在选择手机的时候，尽量选择内存大、摄像头像素高且性能较稳定的手机，不然容易发生卡顿、崩溃的情况。

图2-1

2.1.2 PC 直播

手机直播的优势是无须配置太多设备，一部手机就可以开启直播。缺点是续航时间短、易发热，直播容易受来电通话等影响而中断，并且不易展示和切换 PPT/ 视频 / 游戏界面等画面。因此对于专业主播来说，还是更多地选择 PC 直播。

PC 直播的主要设备就是台式电脑或"笔记本"，为了保证直播的顺利进行，通常对于电脑设备的配置要求是比较高的，高性能的电脑能够带来流畅的直播体验感。

　　用户在选择电脑设备时，需要关注的主要配件有CPU、内存、硬盘、显卡和显示器等。下面我们就来介绍一下如何选择合适的配件，以提升直播体验。

● CPU

　　CPU也就是中央处理器，是电脑的核心配件，其性能直接影响电脑的运行速度，通常来说，CPU的性能越强，电脑的运行速度也就越快。目前，推荐大家选择酷睿i5或i7处理器。

● 内存

　　内存也是电脑的重要部件之一，电脑中所有程序都是在内存中运行的，因此内存对电脑的性能影响非常大。内存的作用是暂时存放CPU中的运算数据，以及与硬盘等外部存储器交换数据。只要电脑在运行，CPU就会把需要数据调到内存中进行运算，当运算完成后CPU再将结果传送出来。

　　用于直播的电脑尽量配置容量大的内存，因为内存的容量越大，处理数据的速度也就越快，尽量选择8GB及以上的内存条。

● 硬盘

　　硬盘是电脑主要的存储媒介之一，常见的硬盘有固态硬盘和机械硬盘。两种硬盘各有优缺点。

　　① 固态硬盘的优点是响应速度非常快，但价格相对昂贵。

　　② 机械硬盘的优点是容量大、使用寿命长、价格便宜，但是运行速度较慢。

　　但是电脑中并不是只能安装一种硬盘，综合考虑速度和成本的情况下，用于直播的电脑可以选择固态硬盘和机械硬盘共用。

● 显卡

　　显卡又称显示适配器，是最基本、最重要的电脑配件之一。显卡配置参数的高低会影响电脑的图形处理能力，特别是在运行大型游戏以及专业的视频处理软件时，显卡的性能显得尤为重要。显卡对直播效果也会有一定的影响，所以，尽量为电脑配备性能较强的显卡。

● 显示器

　　用户在选择显示器的时候，可以从以下几个角度选择。

　　① 色域：色域表示能显示的色彩范围。色域值越大，显示的色彩范围越广，也就是说广色域的显示器比低色域的显示器能显示更多的色彩。

　　② 色深：色深表示色彩的精细程度。色深值越大，色彩显示得越精细，色彩过渡也越平滑。

③色差：色差表示色彩还原的准确性。色差值越小，色彩还原越准确。

④对比度：对比度的值越高，色彩表现越清晰丰富。

⑤刷新率：刷新率表示显示器一秒能刷新多少帧图像。视频动画图像都是由一张（帧）张（帧）的图片快速播放而形成的，刷新率的值越高，视频的播放越流畅。目前显示器刷新率主要有 60Hz 和 144Hz 两种，在显卡性能匹配的情况下，144Hz 的画面比 60Hz 更加流畅和顺滑。

⑥分辨率：分辨率表示图像的清晰程度。同一尺寸下，分辨率的值越大，画面越清晰精细，反之画面越粗糙，颗粒感越明显。

选择显示器时，除了要注意以上几个参数，还应该关注其尺寸大小。用于直播的显示器尺寸不宜太小，否则直播间的相关信息无法完整显示，而且小尺寸显示器更容易让眼睛疲劳。因此，显示器尺寸选择 23 英寸以上为佳，如果是笔记本，选择 15 英寸以上为佳 (1 英寸约等于 2.54 厘米)。

2.2 直播间视频设备

画面的质感对直播间至关重要，只有画面清晰才可能留住观众，这就需要直播间具有合格的视频设备。本节就来看一下直播间视频设备的选择。

2.2.1 摄像头

虽然现在直播用的手机都带有镜头（后文称摄像头），像素也基本够用，但如果想要获得更出色的视频效果，还是需要使用更专业的外置摄像头。

摄像头的功能参数决定了直播画面的清晰度和主播的上镜效果，摄像头选择得当，可以大幅度提升画面的清晰度，主播的上镜效果也会更好；但是如果摄像头选择得不合适，则会大大降低直播效果和观众的观看体验。

在选择摄像头时，我们可以从以下几项功能参数考虑。

● 分辨率

摄像头根据分辨率的不同一般分为 720P、1080P、4K、8K 几种规格。大部分笔记本自带的摄像头的分辨率都是 720P，虽然可以用于直播，但是效果一般。用于直播的摄像头一般还是要选择分辨率为 1080P、4K、甚至 8K 的，效果更好。1080P、4K 和 8K 的效果对比如图 2-2 所示。

● 帧率

帧率（也叫帧速率）是指以帧为单位的位图连续出现在显示器上的频率 (速率)。摄像头的帧率一般是 30 帧 / 秒，但是也有 50 帧 / 秒、60 帧 / 秒的。帧率越高，画面播放越流畅。

1080P	4K	8K
1920像素×1080像素	3840像素×2160像素	7680像素×4320像素

图2-2

● **广角**

　　摄像头广角的值越大，画面包含的内容范围越广。一般摄像头的广角是60度，市面上还有80度或90度广角的摄像头。90度广角的拍摄范围如图2-3所示。

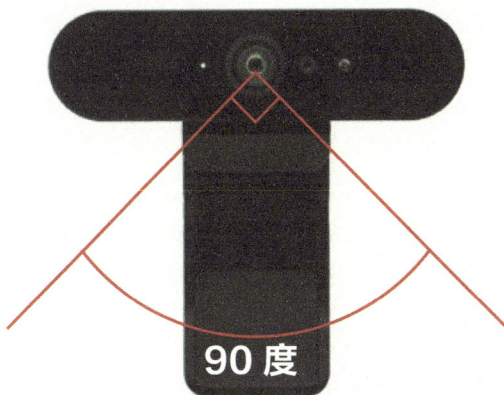

90度

图2-3

|2.2.2| 摄像机

　　大型活动和比较重要的活动（如产品发布会）通常都会选择摄像机进行拍摄，因为专业摄像机的直播画质更清晰流畅，抖动少，拍摄更稳定。

　　目前市面上主流的摄像机基本都支持直播功能，选择一款专业的摄像机可以满足绝大多数人的直播需求，拍摄出清晰的直播画面。

一台可以进行直播的专业摄像机，具备专业视频输出接口，支持高分辨率，自带网络编码、Wi-Fi 或 5G 网络连接功能，能够在录制高清视频的同时进行储存，并实时传输高清视频给观众，如图 2-4 所示。

SDI线
HDMI线
1. Wi-Fi传输
2. 有线网络传输

图2-4

用户在选择摄像机时，可以从以下几个方面进行选择。

● 输出口

选摄像机时主要需要注意输出口是 HDMI 还是 SDI，是否跟线材匹配。有些摄像机是没有上网功能的，此时我们就需要再配一台视频编码器给摄像机联网，通过摄像机录像，把直播的录像通过视频编码器无线传输到直播间的服务器上。在直播后台获取到推流地址后，就可以实时地把摄像机拍摄的内容传输到用户的电脑或手机上了。

● 摄像机镜头

摄像机镜头是影响拍摄效果的重要因素，镜头的选择需要特别谨慎。镜头的焦距直接影响视频效果，用户需要根据具体场景选择合适的焦距。如果是固定机位拍摄，可以选择固定焦距摄像头；如果经常需要更换拍摄视角，可以选择自动变焦的摄像头。

● 帧率

前面讲过帧率是显示帧数的度量，即每秒显示的帧数。帧率越大，视频越平滑，越逼真。在每秒 25 帧的帧速率下，视频就比较流畅了。为了确保视频图像的平滑性，摄像机速率可以设置为 25 帧 / 秒或更高的速率。

2.3 直播间音频设备

在直播过程中，除了画质，音频的质量也是非常关键的。因此，除了要选择好的视频设备外，还需要选择合适的音频设备，如麦克风、声卡、耳机等。

|2.3.1| 麦克风

麦克风直接决定了观众的听觉感受。如果麦克风质量不佳，观众的听觉感受就会特别差，从而影响直播效果。

1. 麦克风的分类

● 根据构造分类

麦克风根据构造可以分为两类：动圈麦和电容麦。

（1）动圈麦

动圈麦（如图2-5所示）是利用电磁感应现象的麦克风。当声波使膜片振动时，连接在膜片上的线圈（叫作音圈）随着一起振动，从而产生感应电流（电信号），感应电流的大小和方向都是变化的，其变化的振幅和频率由声波的性质决定，感应电流经扩音器放大后传给扬声器，从扬声器中就发出了放大的声音。

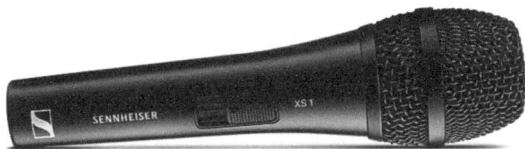

图2-5

优点：噪声少，无须馈送电源，使用简便，性能稳定可靠。

缺点：灵敏度不高，对高频声音不敏感。

适用场景：小空间、环境中有噪声的场景。

（2）电容麦

电容麦（如图2-6所示）是利用电容大小的变化，将声音信号转化为电信号的麦克风。

图2-6

优点：原音重现，超高灵敏度，瞬时响应，耐摔耐冲击，体积小。

缺点：结构复杂，怕潮。

适用场景：比较安静、对原声要求比较高的直播场合等。

由于电容麦在采集声音时具有很高的灵敏度，因此目前主播主要选择电容麦。

● **根据体积大小分类**

麦克风根据体积大小可以分为微型麦克风和大型麦克风。

微型麦克风主要包括领夹麦克风（如图 2-7）、耳麦等；大型麦克风主要包括手握式麦克风、支架式麦克风等。

图2-7

2. 麦克风支架的选择

不管是 PC 直播还是手机直播，除非特别的要求，否则一般不建议主播自己手持麦克风，因为手持麦克风直播，不仅容易让双手疲劳，还会使收音不稳定，影响采集到的音质和直播效果。所以，通常需要用一个实用又方便的支架来进行固定和支撑。

直播常用的麦克风支架可以分为 3 种。

（1）桌面三角支架

桌面三角支架就是可以摆放在桌面上的小巧的支架，如图 2-8 所示。

图2-8

　　桌面三角支架价格便宜，稳固牢靠，可以上下调节高度以固定收音角度，而且方便收纳携带。

　　（2）悬臂支架

　　悬臂支架也是比较受欢迎的一款支架，悬臂支架的可调范围比桌面支架更大，可以多方位调节手机的高低远近，也不会占据太大的桌面空间，如图2-9所示。

　　（3）落地支架

　　落地支架就是可以放在地上的支架（如图2-10），这类支架适合唱歌、会议、演讲以及服装带货直播，室内、户外直播都可以使用，而且可以根据需要调节支架高度，支架的很多部件还可以拆装和折叠，方便携带。

图2-9

图2-10

|2.3.2| 声卡

声卡是多媒体设备最基本的组成部分，也是实现声波 / 数字信号相互转换的硬件。声卡的基本功能是对来自话筒、磁带、光盘的原始声音信号加以转换，输出到耳机、扬声器、扩音机、录音机等声响设备，或通过乐器数字接口（Musical Instrument Digital Interface）使乐器发出美妙的声音。

1. 声卡的作用

声卡可以调节多种音效，产生丰富的特效音等，更好地活跃直播间的气氛。

● 优化主播声音

声卡可以让主播的声音更有质感，听起来不再那么干巴巴。有的声卡还支持搭载专业的宿主软件，能对声线进行精调，让声音达到期望的效果。

● 让主播更省力

声卡可以调节人声的高中低音，让主播讲话更轻松。如果要唱歌，利用声卡加上混响会更省力。

● 一键切换美声效果

主播利用声卡可自主调配适合自己声线的音效，并一键切换美声效果，让直播间更具吸引力。

● 一键闪避效果

闪避是指在主播说话和不说话的时候，声卡能够自动调节背景音乐的音量大小。

2. 声卡的选择技巧

在选购声卡时，主要考虑的因素有稳定性、接口类型、功能和音质。

● 稳定性

对于直播，声卡的稳定性通常是最重要的。影响声卡稳定性的主要因素是数字信号处理器（Digital Signal Processor，DSP）芯片。

DSP芯片是一种可用于音频领域的芯片，强调数字信号处理的实时性，具有高速、灵活、可编程、低功耗的优点。

声卡的DSP芯片跟计算机的CPU一样，芯片的性能越强，声卡的功能和音效处理能力越强，声卡的稳定性就越好。

● **接口类型**

声卡的接口用于连接其他设备，包括 PC、麦克风、乐器、耳机、音箱、耳麦等。我们需要根据自己用到的设备来选择接口匹配的声卡。

不同类型的接口如图 2-11 所示。

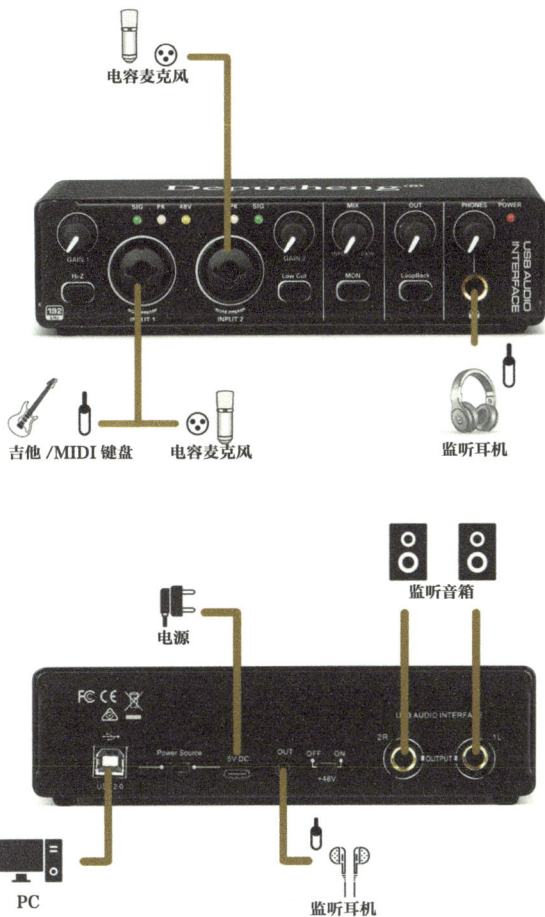

图2-11

|2.3.3| 耳机

直播中使用的耳机主要是指监听耳机，其作用就是在直播过程中让主播可以即时听到自己声音的真实展示效果。

耳机是在我们日常生活中经常用到的一种设备，但是直播用的监听耳机与普通耳机是不同的。两者的不同主要体现在以下 3 个方面。

● **应用领域**

普通耳机面向的群体是普通大众，主要用来听音乐和收听广播等。监听耳机面向的群体是专业人员，主要用于现场返送、广播监听、扩声监听和专用监听等。

● **接口**

大多数普通耳机使用的是 3.5 毫米接口，而监听耳机普遍配置 6.35 毫米接口或者可螺纹锁紧的转接式接口。

● **声音**

普通耳机为了迎合消费者的需求，通常具有音色渲染功能，使声音更动听；而监听耳机则几乎不进行音色渲染。因为监听耳机的频率响应范围一般较大，响应速度较快，所以监听耳机极大程度地提高了声音的还原度。

2.4 直播间灯光设备

要做好直播，直播画面应清晰、明亮、生动，色彩准确，产品细节清晰。要做到这些，光靠视频设备是不够的，还需要使用合适的灯光设备。

选对灯光设备，并将其放在合适的位置上，可以让直播画面干净明亮。一般情况下，直播间里最常用的灯光设备有柔光箱和 LED 环形补光灯。

|2.4.1| 柔光箱

柔光箱是由反光布、柔光布、钢丝架和卡口 4 部分组成的，其作用是柔化生硬的光线。其原理是在普通光源的基础上通过一两次的扩散，使原有光线的照射范围变得更广，使之成为漫射光。常用的柔光箱有球形柔光罩、八角柔光箱和方形柔光箱等，如图 2-12 所示。

八角形柔光箱

球形柔光罩

方形柔光箱

图2-12

|2.4.2| LED 环形补光灯

　　LED 环形补光灯（如图 2-13 所示）基于高亮度的光源与独特的环形设计，能使人物面部受光均匀、更有立体感，并为皮肤带来填充光，让皮肤更显白皙光滑。LED 环形补光灯外置柔光罩，可以让光线更加柔和均匀；顶部与底部中央位置均设计有热靴座和固定孔，可固定化妆镜、手机、相机。

2.5　拍摄稳定设备

　　直播拍摄对于稳定设备的要求非常高。不管是使用手机拍摄，还是使用摄像机拍摄，为了保证画面稳定清晰，都需要使用稳定设备。常用的稳定设备有自拍杆、手机支架、三脚架、独脚架和稳定器等。

图2-13

|2.5.1| 自拍杆和手机支架

　　自拍杆作为手机直播最常使用的稳定设备，不仅可以让手机离身体更远，使镜头拍摄的内容更多，还可以有效保证手机的稳定。有的自拍杆下边的把手可以变成小三脚架，方便平稳地放置在桌面或其他平面上，如图 2-14 所示。

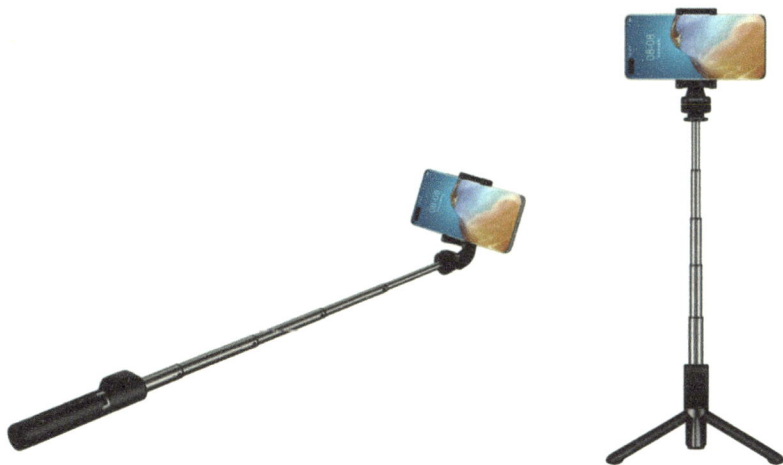

图2-14

手机支架（如图2-15所示）种类很多，有多个设备（手机＋声卡＋麦克风＋补光灯）一体的，也有单独的，还有落地的、台式的，等等。

图2-15

2.5.2 三脚架和独脚架

对于很多主播来说，自己一个人进行直播时，三脚架（如图2-16所示）和独脚架（如图2-17所示）几乎是不可或缺的稳定设备，它们可以防止拍摄设备抖动造成直播画面模糊。小巧轻便的桌面三脚架，比较适合美妆和商品开箱等直播，或者在桌面上制作手工、写字和画画等直播。

图2-16

图2-17

|2.5.3| 稳定器

　　使用稳定器，拍摄者在运动的情况下也能拍出稳定而流畅的画面。

　　主播在运动过程中，如走路、奔跑时直播，如果手持拍摄，拍出来的画面会非常抖，因此需要在拍摄设备上安装稳定器，如图2-18所示。

图2-18

第 **3** 章

直播间场景布置

3.1　直播间场景布置的原则

　　直播间场景布置的主要目的是让观众感到舒适。因为观众对直播间的第一印象不仅来自主播本身，主播身处的场景也有重要影响。一个好的直播间场景，通常可以给直播间增添不少色彩，提升观众的观看体验，增强直播效果；而一个杂乱无章的直播间场景则会让观众对直播间的印象大打折扣，容易让观众反感，从而留不住观众。

　　本节给大家分享一些布置直播间场景的原则。

1. 风格匹配

　　直播间场景的风格要与主播形象（也就"人设"）、直播的主题及直播内容的类型相符。

　　例如，如果主播是"元气满满"的少女，那么直播间场景就可以布置成可爱风格，如图 3-1 所示。但是，如果主播是阳刚、爽朗的男生，直播间场景布置成可爱风格就不合适了，此时可以将直播间场景布置成简约风格，如图 3-2 所示。

图3-1

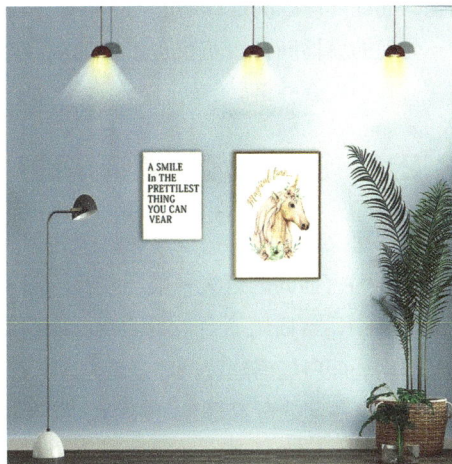

图3-2

2. 干净整洁

　　直播间场景一定要保证干净整洁，花哨凌乱的直播间场景会让观众对直播间的好感瞬间消失。在布置直播间场景时，如果做不到让场景为直播加分，至少别让它减分。在条件有限的情况下，直播间场景的干净整洁是最重要的，如图 3-3 所示。

图3-3

3.2 直播间的背景搭建

常用的直播间背景大致可以分为实景和绿幕两种。

实景就是具体场景，如 LOGO 墙、海报展板和纯色背景等，可根据直播主题进行调整；而绿幕可以满足直播过程中抠像、设置沉浸式背景的需要。

美观的直播间背景不仅可以增加观众对直播间的印象分，也能使直播间获得更多关注，吸引观众驻足。

3.2.1 使用白墙加装饰搭建背景

虽然建议直播间的背景颜色选择纯色或浅色，但是通常不建议直接使用白墙作为背景。因为直播间的灯光一般比较亮，而纯白色容易反光，灯光直射在墙面，然后反射到镜头中，直播画面会过于明亮，让观众感到刺眼，无法在直播间长时间停留。那么怎样用一面白墙搭建背景才好呢？

如果直播间的背景是一面白墙，最简单的背景搭建方法就是在白墙前面摆放沙发、桌子、衣帽架、落地灯、盆栽等，这样可以丰富直播间的背景，让观众看到更加多样的内容，如图 3-4 所示。

图3-4

需要注意的是，沙发和衣架都是作为背景装饰品摆放的，沙发上不可以放乱七八糟的东西，如果放抱枕或靠垫要注意摆放整齐，衣架上的衣服要保持整齐干净。

如果直播间的空间比较小，不适合放沙发、衣架等，也可以在白墙上挂一些装饰画、挂架等来装饰，如图3-5所示。

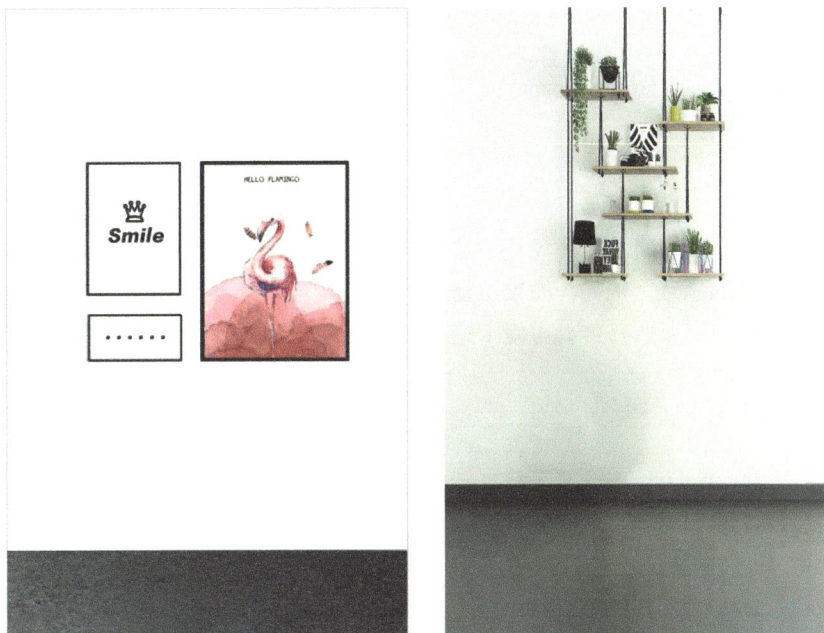

图3-5

|3.2.2| 使用墙纸搭建背景

用墙纸搭建背景是一种比较常用的直播间背景搭建方法。主播可以根据直播间的风格和布局，选择不同颜色和风格的墙纸，这样就可以解决白墙反光、直播画面单调的问题了。另外，好的墙纸还具有降噪、耐热的特点，而且墙纸价格相对较低，装修起来也比较容易。可见，使用墙纸搭建背景可以说是一种性价比较高的背景搭建方法。

在选择墙纸的时候，一般选择纯色的，这样的墙纸通常不会很抢眼，更容易使观众将目光集中到主播的身上，如图 3-6 所示。除了纯色的墙纸外，也可以选择一些带有花纹的墙纸，这样可以使背景更具氛围，如图 3-7 所示。

图3-6

图3-7

另外，还可以根据主播的风格，选择一些有特色的墙纸。例如，如果主播是可爱的女生，可以选择带有可爱卡通图案的墙纸，如图 3-8 所示。

图3-8

对于一些品牌直播间，主播还可以定制背景，做成品牌墙、3D 图案墙等，如图 3-9 所示。

图3-9

|3.2.3| 使用窗帘搭建背景

如果主播选择的直播场地在房间的窗户旁边，就可以使用窗帘来搭建直播间的背景。但是需要注意的是，使用窗帘作为背景时应尽量选择落地的窗帘。窗帘也不宜太花哨，否则容易转移观众的注意力，可以选择粉色、灰色、蓝色、墨绿色等不显眼的颜色，如图 3-10 所示。另外，要尽量选择克重大、密度大、自然垂直、层次丰富、漫反射均匀的窗帘。

图3-10

|3.2.4| 装饰物的选择

搭建完直播间的背景之后，如果主播还是觉得直播间单调空旷，还可以在直播间放置一些装饰物，如置物架、绿植、玩偶等。

1. 置物架

对于很多实景背景，主播不可能播一次换一次。如果背景的风格不适合直播调性，可以用置物架来调节。在置物架上可以放一些体现主播风格品味的书籍、相框等，如图 3-11 所示。

图3-11

2. 装饰点缀

除了在直播间放置置物架外，还可以适当放一些小物品，如绿植、玩偶等来装饰直播间，以便给观众带来不一样的视觉体验，达到增加亮点的效果，如图 3-12 所示。在遇到一些特别节日的时候，还可以在背景中适当地布置一些跟节日相关的东西，烘托节日的氛围，并以此来吸引观众的注意力，提升直播间人气，如图 3-13 所示。

图3-12

图3-13

3.3　直播间的灯光布置

灯光布置会影响主播上镜效果和产品展示效果。不同的角度搭配不同的灯光，可以营造出不同的直播氛围。本节主要介绍如何进行直播间的灯光布置，以让主播和产品都光彩夺目，让观众眼前一亮。

3.3.1　直播间灯光布置的原则

直播间灯光布置得好，可以营造良好的直播气氛，突出直播间的风格，使直播效果变得更好，提升观众的观看体验，让观众能够停留更长的时间，从而提高转化率。

在进行直播间灯光布置时，通常需要遵循以下几个原则。

① 直播间的灯光和背景的颜色要匹配。

② 顶灯要能够把直播间的场景照亮。

③ 灯光尽量不要直射墙面，以免使观众在观看的时候产生视觉疲劳。

④ 不要把所有的灯光都打在主播面部，主播面部光线要保持均匀，避免出现"阴阳脸"。

3.3.2　直播间灯光的分类

根据主播的需求，直播间有多种灯光布置方案。通常一个专业的直播间的灯光按照其功能，可以分为5种：主光、辅光、顶光、轮廓光和背景光。

1. 主光

主光是直播间的主要光源，主要起到照明的作用，主光可以使主播的脸面和产品受光匀称，同时起到磨皮美白的效果。

2. 辅光

辅光一般是柔光灯发出的光线，主要用于辅助主光的塑形，控制暗部阴影，平衡画面明暗。

使用辅光的时候要注意避免光线太暗和太亮的情况，辅光不能强于主光，不能干扰主光正常的光线效果，而且不能产生投影。

3. 顶光

顶光是指从主播上方照下来的光线，能产生浓重的投影，有利于轮廓的塑造，还能够起到瘦脸的作用。使用顶光时，要注意顶灯的位置不能离主播位置太远，否则容易在眼睛和鼻子下方形成阴影。

4. 轮廓光

轮廓光一般位于主播身后的位置，是逆光，它不仅可以使主播的轮廓分明，还可以将主播从直播间背景中分离出来，突出主体。

使用轮廓光时一定要注意光线的亮度，过亮会造成画面主体过黑，主播轮廓不清晰。

5. 背景光

背景光也叫环境光，主要作用是背景照明，背景光能使直播间的光线更均匀。但要注意背景光要尽量采取低光亮、多光源的方法进行布置。对于不同功能的灯光，冷暖光是必须考虑的因素。冷光和暖光下的直播效果是不同的，图3-14所示分别是暖光和冷光照射下的画面。

图3-14

两种比较经典的暖光和冷光的布置方案如下。

① 主光为冷光，辅光为暖光，两组补光灯为暖光，整体效果为暖光。暖光会让主播看上去更自然，也会让观众的视觉感受更舒适。图3-15所示为常见的直播间暖光布置图。

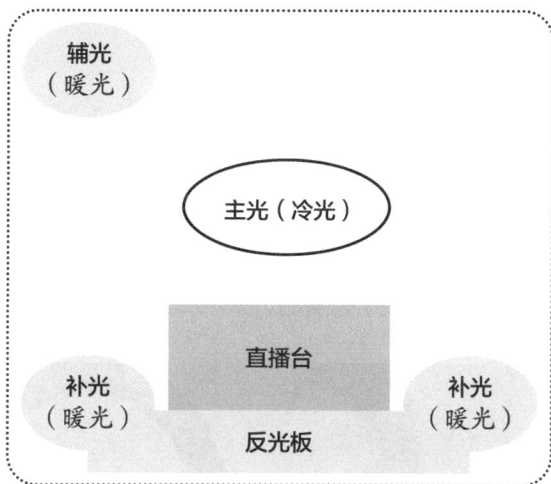

图3-15

② 主光为冷光，辅光为冷光，两组补光灯为偏冷光，整体效果为冷光。冷光会让主播看上去更加白皙，前面的补光稍微增加一点暖色，为主播增加一点红晕。但是也不能补光太多，因为补光的光线太硬的话，会导致主播面部过曝甚至反光，画面效果反而会较差。图3-16所示为常见的直播间冷光布置图。

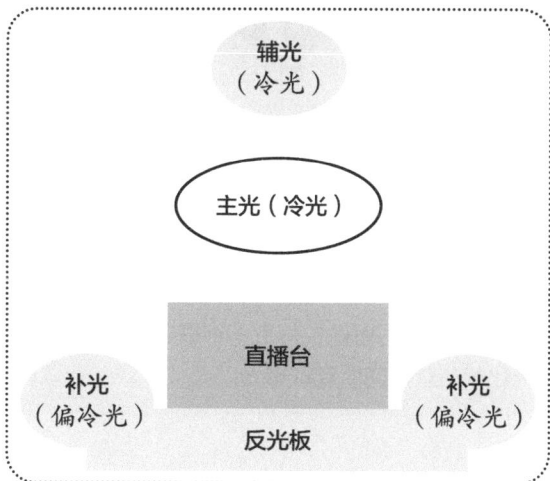

图3-16

|3.3.3| 直播间灯光布置的常用方案

虽然直播间常用的灯光有 5 种，但是通常只有专业的全场景直播间会同时用到这 5 种光源，主播一般可以根据直播间的需求选择一种或多种灯光。根据灯光的数量，我们可以将直播间的布光方案分为单灯布光、双灯布光、三灯布光、四灯布光和五灯布光。

1. 单灯布光

在直播间中，环形灯是非常实用的灯光器材，它价格不高，体积小，方便收纳、携带，而且操作简单快捷，还可以调节色温和亮度来控制光线的冷暖。

使用单灯布光时，可以环形灯作为主灯，如图 3-17 所示。环形灯的环形设计使得光线均匀柔和，柔光可以从各个方向打到主播脸上，从而达到补光的效果，而且可以在主播的眼睛里产生形亮斑，俗称"眼神光"。

图3-17

2. 双灯布光

环形灯虽然很受主播的欢迎，但是如果直播间需要展示的不仅仅是主播，那么只用一盏环形灯显然是不够的。

单灯布光一般仅用于个人的简单直播间，如果是美食或产品类直播间，就需要适当增加一个光源进行双灯布光。这时候主灯也不再局限于环形灯，可以有更多的选择。图 3-18 所示就是一个化妆品直播间的双灯布光。

图3-18

　　图 3-18 所示的双灯布光中用到了两盏摄影灯，分别搭配的是八角柔光箱和球形柔光罩。其中主光来自搭配八角柔光箱的摄影灯，这是一个定向光源，可以精准地照亮主播，能够同时兼顾人物和产品细节；辅光来自搭配球形柔光罩的摄影灯，这是一个散射光源，光线柔和均匀，既能照亮主播的侧面，又能提高直播间的整体亮度。图 3-19 为布光前后的效果对比。

图3-19

　　双灯布光可以根据直播间的需要进行调整，并不仅仅只有这一种组合，图 3-20 所示的双灯布光，采用的就是搭配球形柔光罩的摄影灯。其中主光来自前侧方的摄影灯搭配球形柔光罩形成的侧顺光，轮廓光为后侧方的摄影灯搭配球形柔光罩形成的侧逆光。

图3-20

3. 三灯布光

如果是专业的带货直播间，那对布光要求就更高了，通常可以考虑使用三灯布光或光源更多的布光方案。三灯布光可以塑造更加立体、更有质感的直播画面。图 3-21 所示为某服装直播间的三灯布光。

图3-21

图 3-21 所示的三灯布光用到了 3 盏摄影灯，分别搭配一个方形柔光箱和两个球形柔光罩。其中主光是摄影灯搭配方形柔光箱形成的顺光，其主要作用是照亮主播与服装，让主播和背景拉开层次；辅光是低位的摄影灯搭配球形柔光罩形成的侧顺光，其作用是同时照亮主播手上的服装和主播的下半身；顶光是高位的摄影灯搭配球形柔光罩形成的侧逆光，其作用是使得主播和服装都均匀受光，画面无明显的阴影和反差。

下面再来看一个美妆直播间的三灯布光（图3-22）。

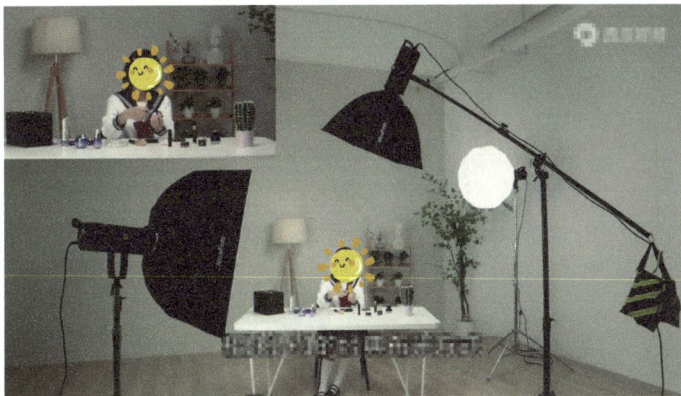

图3-22

图 3-22 所示的三灯布光用到了 3 盏摄影灯，分别搭配的是八角柔光箱、方形柔光箱和球形柔光罩。其中顶光是高位的摄影灯搭配八角柔光箱形成的，其照射范围较大，可以塑造比较好的立体感和从上往下的渐变效果，增强桌面上产品的质感；主光是中位的摄影灯搭配方形柔光箱形成的侧顺光，主光之所以采用侧顺光，是为了塑造从左到右的渐变效果，辅光是高位的摄影灯搭配球形柔光罩形成的侧逆光，其作用是照亮环境，使得整个环境比较通透，而且可以照亮主播一侧的轮廓。

2+1 布光是一种特殊的三灯布光，只有两盏摄影灯，外加一盏环形灯，如图 3-23 所示。

图3-23

在图 3-23 所示的 2+1 布光中，位于主播右侧的中位摄影灯加方形柔光箱形成了主光；位于主播左前方的高位摄影灯加方形柔光箱形成了主光兼顶光，其以侧光的形式，既照亮了环境又发挥了顶光的作用；位于主播正前方的环形灯，为主播的面部提供了辅光，可以为主播的面部补光。

4. 四灯布光

虽然三灯布光已经能提供较好的灯光效果，但是如果需要直播画面更精致，还需要添加第 4 盏灯。第 4 盏灯一般作为背景光来使用，使画面更精致。图 3-24 所示为某服装直播间站播的四灯布光。

图3-24

图 3-24 所示的四灯布光中，位于主播正前方的环形灯打辅光，可以对主播进行补光，让主播的皮肤更通透，而且在主播对服装进行展示时，可以更好地还原服装的细节；主播左前方的高位摄影灯搭配球形柔光罩提供主光，可以自上而下均匀地照亮主播和服装；主播右前方和左后方的摄影灯搭配球形柔光罩一低一高形成背景光兼两侧轮廓光，用于照亮背景，让主播两侧轮廓从背景中分离，并且配合辅光，让主播手中的服装更有质感。

下面再来看一个美食直播间的四灯布光，如图 3-25 所示。

图3-25

图 3-25 所示的四灯布光采用了 4 盏摄影灯，分别搭配了 3 个球形柔光罩和 1 个深口柔光箱。其中主播侧前方的高位摄影灯搭配深口柔光箱，以顺光的形式形成了主光兼顶光，旁边低位的摄影灯搭配球形柔光罩形成了辅光，防止上下方光线反差过大；主播右侧的摄影灯搭配球形柔光罩也形成了辅光，起到补光的作用，可以将桌面上的美食表现得更加令人有食欲；主播右侧的摄影灯搭配球形柔光罩，形成了环境光兼人物的轮廓光。

5. 五灯布光

大中型直播间通常需要使用五灯布光。五灯布光会使得直播间更加通透和明亮，从人物到产品再到整个环境，可以说是被灯光包围，没有什么阴影，主播可以在场地中随意走动、转身和展示。而且均匀明亮的低反差光线，也不会造成画面过曝，直播画面能得到非常好的清晰度和质感。图 3-26 所示为某服装直播间站播的五灯布光。

图3-26

图 3-26 所示的五灯布光中，主播右前方的侧顺光是主光，采用的是高位的摄影灯与球形柔光箱的搭配，与主播距离较近，以获得从上向下的渐变效果；主播左前方的侧顺光是辅光，采用的是中位的摄影灯与球形柔光箱的搭配，与主播距离略远，不会破坏主光营造的立体感；主播右侧的侧顺光是背景光兼右轮廓光，用于加强主光，采用的是中位的摄影灯与球形柔光箱的搭配，与背景有一段距离，可照亮背景，让主播左侧轮廓从背景中分离；主播左侧的侧顺光是轮廓光，采用高位的摄影灯与方形柔光箱，让主播左侧轮廓从背景中分离；两个侧顺光，一高一低，配合辅光，让主播手中的服装更有质感；主播正前方的顺光，采用最低位的摄影灯与方形柔光箱，主要用于为主播的下半身补光。

第 **4** 章

直播拍摄

4.1 直播拍摄注意事项

要想留住观众，除了需要布置好直播间的场景外，还需要借助一定的拍摄技巧，那么有哪些直播拍摄技巧呢？

1. 画面清晰

直播画面一定要清晰，才可能吸引观众，如图 4-1 所示。要保证画面清晰，通常需要做到以下几点。

① 保证拍摄设备镜头的分辨率足够高。

② 保证光线明亮、均匀。无论是在室内直播还是在室外直播，都要保证光线能均匀地照射到被摄主体上，而且要保证清楚展示被摄主体的细节。

③ 拍摄的时候，要注意设置白平衡和对比度等，保证画面曝光准确；还要注意调整焦距，来展现不同的景别。如果使用手机直播，手机基本都有自动对焦的功能，摄像头贴近要展示的物体后会进行自动对焦，使拍摄出来的画面比较清晰。

④ 直播间的色调要根据主播的个人风格和直播类型来设定，使色调与直播间的氛围相匹配。

图4-1

2. 声音流畅

观众在观看直播的时候，除了注重视觉感受外，也会注重听觉感受。如果主播说话磕磕绊绊，就会让观众觉得烦躁，导致他们马上就会离开直播间。这要求主播思维清晰敏捷、吐字清晰；另一方面还需要保证网络稳定，否则，即使主播说得再流畅，观众听到的声音也是断断续续的。

3. 分清主次，突出主体

拍摄者在拍摄直播视频的时候，要尽量突出主体，将观众的目光吸引到主体上。例如，服装类直播间中可能有很多件衣服，拍摄者在拍摄的时候一定要分清主次。主播和其正在讲解的衣服通常是直播间的主体。拍摄者为了让观众将注意力集中到正在讲解的衣服上，就需要对准正在讲解的衣服拍摄，使其他衣服作为背景，如图4-2所示。

4. 多角度拍摄

直播过程中，拍摄者要注意多角度拍摄，让观众可以从多个角度观看，而且可以避免长时间观看单一角度画面使观众产生审美疲劳，如图4-3所示。

图4-2

图4-3

4.2 常用的构图方法

很多新主播，在刚开始直播的时候都会有这样的困惑："为什么人家的直播画面看起来那么舒服，给人一种电影画面的感觉，而自己的直播画面却很难达到这种效果呢？"

造成这种效果差异的重要原因之一就是直播画面的构图不同。如果直播画面构图不好，即使画质再好、音频再流畅、主播再优秀，直播也依然很难给人舒适的感觉。

对于直播来说，构图是表现直播内容的重要因素，拍摄者需要根据画面的布局和结构，运用镜头的成像特征和一些摄影手法，在主题明确、主次分明的情况下，拍摄出简洁、多样、统一的画面。合理的构图，能使直播画面更富有表现力和艺术感染力。

　　直播视频拍摄和摄影，虽然一个拍摄的是动态画面，另一个是静态画面，但是二者本质上其实是一样的。在直播视频拍摄的过程中，不管是移动镜头还是静止镜头，拍摄的内容实际上都是由多个静态画面组合而成的，因此摄影中使用的一些构图原则和方法也同样适用于直播视频拍摄。下面介绍一些常用的构图方法。

1. 中心构图法

　　中心构图法是指将被摄主体放置在画面中心。这种构图方法的最大优点在于主体突出、明确，而且画面平衡。这是最简单、最常用的构图方法。当主体所占面积较大而画面中缺乏其他景物时，最好采取中心构图法，否则主体的偏移会造成强烈的失衡感。采用中心构图法的时候，最好保证画面简洁，如图4-4所示。

图4-4

2. 三分构图法

　　三分构图法实际上是黄金分割的简化版，是指将画面垂直或水平分成 3 等份。这种构图方法可以避免画面过于对称，从而增强画面的趣味性，减弱画面的呆板感。图 4-5 采用了水平三分构图法，将马卡龙放在了画面的下 1/3 处；而图 4-6 采用了垂直三分构图法。和阅读一样，人们看图片时习惯由左向右移动视线，视点往往最终落于画面右侧，所以在构图时把主要景物、醒目的形象安置在画面右侧，能获得良好的视觉效果。

图4-5

图4-6

3. 九宫格构图法

如果把画面的 4 条边都分成 3 等份，然后用直线把这些对应的点连起来，画面中就形成一个"井"字，画面被分成面积相等的 9 个格子。"井"字的 4 个交叉点就是趣味中心，可以在任意一点放置主体，这就是九宫格构图法。在图 4-7 中，将人物脸部安排在右上角的九交叉点处，可以实现对主体人物的有效突出。需要注意的是，主体不一定非要放在交叉点的位置，只要将其大致安排在接近这个点的位置，就可以很好地突出主体，如图 4-8 所示。

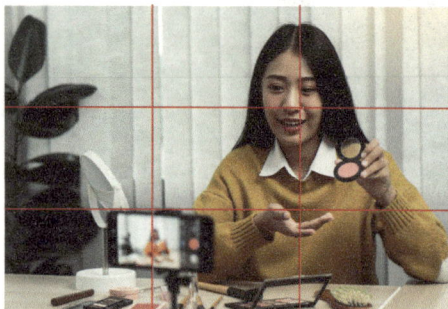

图4-7

图4-8

4. 对称构图法

对称构图法是指将画面内容按轴对称或者中心对称进行安排，给观众平衡、稳定和安逸的感觉。对称构图法可以突出被摄主体的结构，一般用于建筑物的拍摄，如图 4-9 所示。需要注意的是，使用对称构图法时，并不讲究完全对称，做到形式上的对称即可，如图 4-10 所示。

图4-9

图4-10

5. 引导线构图法

引导线构图法就是利用线条将观众的视线引导至想要展示的主要物体上，如图4-11所示。引导线可以是河流、车流、光线、长廊、街道、一串灯笼和车厢等。只要是有方向的、连续的点或线，都能起到引导视线的作用。

图4-11

6. 框架构图法

框架构图法很独特，就是将要拍摄的内容放置在框架里，将观众的视线引向框架中的物体，如图4-12所示。画面中的框架其实更多地起到引导的作用，本身不会引起观众的注意，进而使主体更为突出。框架也是多种多样的，可以是屋檐、门框和桥洞等，也可以利用其他景物搭建框架。

图4-12

7. 水平线构图法

水平线构图法就是以水平线来展现场景的宽阔和画面的和谐，给人一种延伸、宁静、舒适和稳定的感觉，主要用于表现宏阔、宽敞的大场面，如图4-13所示。拍摄平静如镜的湖面、微波荡漾的水面、一望无际的平川、广阔平坦的原野、辽阔无垠的草原、层峦叠嶂的远山、大型会议等，经常会用到水平线构图法。

图4-13

8. 垂直线构图法

垂直线构图法是指画面中的主体景物呈现为一条或多条垂直线，利用画面中垂直于上画框的直线线条元素构建画面的构图方法，如图4-14所示。该构图法能使画面给人稳定、平衡的感觉，能充分显示景物的高大和深远，常用于表现森林中的参天大树、险峻的高山、飞泻的瀑布、摩天大楼，以及由竖向直线组成的其他事物。垂直线构图法不仅可以表现单一的物体，当多个物体同时出现时，画面的整体力度和形式感会更强。

图4-14

9. 三角形构图法

三角形构图法是指以3个视觉中心来安排景物，在画面中所表达的主体放在三角形中或者是景物本身形成三角形的态势，如图4-15所示。这种方法能让画面给人安定、均衡、踏实之感，同时又不失灵活。三角形可以是正三角形、倒三角形和不规则三角形。其中正三角形构图法能营造出稳定的画面，给人以舒适之感；倒三角形构图法能让画面具有一种开放性及不稳定性，因而使人产生一种紧张感；不规则三角形构图法则会让画面具有一种灵活性和跳跃感。

图4-15

10. 留白构图法

留白构图法就是剔除和被摄主体关联性不强的物体，形成留白，让画面更加精简，更容易突出主体，给观众留下想象的空间。留白不等于空白，它可以是单一色调的背景，也可以是干净的天空、路面、水面、雾气、草原、虚化的景物等，重点是简洁干净，没有什么实体语言，不会干扰观众的视线，从而突出主体，如图4-16所示。

图4-16

4.3　景别和景深的运用

　　景别和景深是两个不同的概念，景别指被摄主体在画面中呈现的范围，景深指在画面上获得相对清晰的主体的空间范围。合理运用景别和景深，可以提升画面的空间表现力。

┃4.3.1┃ 运用景别，营造不同的空间表现

　　景别一般可分为 5 种，由远至近分别为远景（被摄主体所处环境）、全景（人体的全部和部分周围环境）、中景（指人体膝部以上）、近景（指人体胸部以上）和特写（指人体肩部以上）。

1. 远景

　　远景主要用于交代背景或环境，常用于表现广阔的场面，如自然景色，如图4-17所示。

图4-17

2. 全景

　　全景中人物通常只占据画面很小的一部分，但可以清晰地展示人物的动作和所处的环境，常用于交代人与物、人与环境的关系，表现人物的全身或场景的全貌，如图 4-18 所示。

图4-18

　　全景往往代表了一场戏的总视角范围，它制约着镜头中的光线、影调、色调、人物方向和位置，分镜头与全景镜头不存在矛盾才能相互衔接。为使观众看清画面，全景镜头的长度一般不应少于 6 秒。

3. 中景

中景通常用于表现人体膝盖以上部分或场景局部，如图 4-19 所示。

中景可以使观众看清人物的形体动作和情绪，有利于交代人与人、人与物之间的关系，常用于叙事性的表达。

图4-19

4. 近景

近景通常用于表现人体胸部以上部位或物体局部，如图 4-20 所示。

近景可以使观众看清展示心理活动的面部表情和细微动作，使观众仿佛置身于事件中，容易产生共鸣。

图4-20

5. 特写

特写通常用于表现人体肩部以上的部位或某些被摄对象的细节，如图 4-21 所示。

特写可把人或物从周围环境中强调出来，往往能将人物细微的表情和某一瞬间的心灵信息传达给观众，常被用来细腻地刻画人物性格，表现其情绪，有时也用来突出某一物体细节的特征，揭示特定含义。

图4-21

|4.3.2| 运用景深，控制画面的层次变化

当镜头对着被摄主体对焦完成后，被摄主体与其前后的景物有一段清晰的范围，这个范围被称为"景深"。景深可分为深景深、浅景深：深景深，背景清晰；浅景深，背景模糊。浅景深可以有效地突出被摄主体，通常在拍摄近景和特写镜头的时候采用；而深景深则起到交代环境的作用，可表现被摄主体与周围环境及光线之间的关系，通常在拍摄自然风光、大场景和建筑等时采用。

光圈、镜头焦距及焦平面到被摄主体的距离是影响景深的 3 个重要因素：光圈越大，景深越浅，光圈越小，景深越深；镜头焦距越长，景深越浅，镜头焦距越短，景深越深；被摄主体离镜头越近，景深越浅，被摄主体离镜头越远，景深越深。

景深的作用主要表现在两个方面。

第一，表现被摄主体的深度（层次感）。景深能增强画面的纵深感和空间感，例如物体在同一平行线上有规律且远近不同地排列着，呈现出大小、虚实的不同，让画面的空间感、纵深感变得非常强。

第二，突出被摄主体。当拍摄的画面背景杂乱、被摄主体不突出时，使用浅景深使背景模糊，便能有效突出被摄主体。

4.4 拍摄角度

拍摄角度是决定画面构成的重要因素之一，拍摄角度往往能决定画面的性质。在相同场景中从不同角度拍摄到的画面，所表现的情感是完全不同的。在拍摄过程中，拍摄者要根据需要表达的含义，选择好拍摄角度。拍摄角度取决于拍摄方向、拍摄高度和拍摄距离。其中拍摄距离是景别的决定因素之一，上节已经讲过，下面来看一下拍摄方向和拍摄高度对画面的影响。

|4.4.1| 拍摄方向

拍摄方向是指以被摄主体为中心，在同一水平面上围绕被摄主体四周选择拍摄点，即平常所说的前、后、左、右或者正面、正侧面、斜侧面和背面方向。在拍摄距离和拍摄高度不变的情况下，不同的拍摄方向可展现被摄主体不同的形象，以及主体与陪体、主体与环境的不同关系。

1. 正面方向

正面方向拍摄即对着被摄主体的正面拍摄，利于表现被摄主体的正面特征。一般来说，多数的直播采用的都是这个拍摄角度，如图 4-22 所示。

图4-22

正面方向拍摄可以表现人物的完整面部特征及神情，有利于人物与观众进行交流，增强亲切感。由于被摄对象的横向线条容易与取景框的水平边框平行，因此正面方向拍摄很适合室外直播。正面方向拍摄建筑物时，容易营造庄重、静穆的气氛，以及表现建筑物对称的结构。但正面方向拍摄也容易使画面缺少立体感和空间感，不利于表现运动、动态的场景，而且大量出现平行线条会弱化画面构图的艺术性。

2. 正侧面方向

正侧面方向拍摄即对着被摄主体的正左面或正右面拍摄，如图 4-23 所示。

图4-23

正侧面方向拍摄有独特的作用。

一是有助于突出人物正侧面的轮廓，容易表现人物的面部轮廓和神态，更容易展示人物侧面形象。拍摄两人对话时，若想在画面上显示双方的神情、彼此的位置，正侧面方向拍摄有较好的效果。

二是正侧面方向拍摄能较完美地表现运动物体的姿态，显示其在运动中的轮廓。

3. 斜侧面方向

斜侧面方向拍摄即在被摄主体的正面和正侧面之间或背面和正侧面之间拍摄。斜侧面方向拍摄既可以表现被摄主体的正面或背面部分，又可以表现其正侧面部分。斜侧面方向较为常用，如图4-24所示。

图4-24

4. 背面方向

背面方向拍摄即对着被摄主体的背面拍摄。背面方向是个很容易被忽略的拍摄方向，其实利用好这个特殊的拍摄方向，常常可以获得某种意想不到的效果。背面方向拍摄可以为观众提供较强的主观参与感，许多记者都采用这个拍摄方向来进行追踪式采访，作品具有很强的现场纪实效果。背面方向拍摄常用于表现主体人物，可以将主体人物与背景融为一体，表明背景中的事物就是主体人物所关注的对象，如图4-25所示。

图4-25

|4.4.2| 拍摄高度

拍摄高度是指摄像机镜头与被摄主体垂直平面上的相对位置或相对高度，包括摄像机镜头的光轴与水平面所成的夹角，又称垂直拍摄角度。拍摄高度有平角度、仰角度、及俯角度等。采用不同的拍摄高度会产生不同的构图变化。

1. 平角度

平角度是指镜头与被摄主体处在同一水平面上的角度。平角度拍摄接近人眼观察事物的方式，符合人的正常心理特征和观察习惯，它拍出的画面在结构、透视、景物大小对比等方面与人眼观察所得的图像大致相同，能使人感到亲切、自然，如图4-26所示。

图4-26

2. 仰角度

仰角度是指镜头的位置低于被摄主体的位置，镜头向上拍摄的角度。仰角度拍摄会使画面产生仰视效果，能够使景物显得更加高大雄伟；使画面中的地平线降低，甚至落在画面下方之外，从而可以突出主体；将次要的物体、背景置于画面的下部，使画面更加干净，如图4-27所示。

图4-27

3. 俯角度

俯角度是指镜头的位置高于被摄主体的位置，镜头向下拍摄的角度。俯角度拍摄会使画面中的地平线明显升高甚至落在画面上方之外，从而可以表现被摄主体的正面、侧面和顶面，增强被摄主体的立体感和画面空间的层次感，有利于展示场景内的景物层次、规模，常被用来表现宏大场面，给人以宽广辽阔的视觉感受。采用俯角度拍摄人物时，拍摄出来的画面会让观众产生一种人物低微、陷入困境、压抑、低沉的感觉，如图4-28所示。

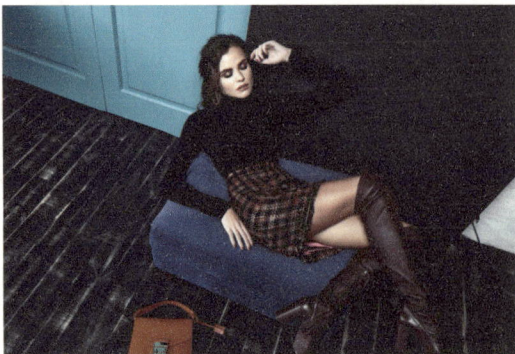

图4-28

4.5　运动镜头的巧妙运用

　　运动镜头又称为移动镜头，是指通过移动摄像机，或者改变镜头光轴、变化镜头焦距拍摄到的镜头。在直播过程中，既有静止状态的镜头也有运动镜头。在进行直播时，拍摄者常常需要通过运镜来展现主播和产品。

　　运动镜头主要有两种拍摄方式：一种是将摄像机安放在各种可以运动的物体上，另一种是摄像师扛着摄像机进行拍摄。两种拍摄方式都力求平稳。

　　常见的运动镜头有推镜头、拉镜头、摇镜头、移镜头、跟镜头、甩镜头等。

1. 推镜头

　　推镜头是在被摄主体位置不变的情况下，向前缓缓移动或急速推进摄像机所拍摄的镜头。随着摄像机的前推，画面景别逐渐从远景、中景变为近景甚至是特写，画面里的次要部分逐渐被推至画面之外（通常是人物），主体部分或局部细节逐渐放大，占满画面。

　　推镜头的主要作用是突出被摄主体，使观众注意力相对集中、视觉感受得到加强，形成一种审视的状态，符合人们在实际生活中由远而近、从整体到局部、由全貌到细节观察事物的视觉心理。

2. 拉镜头

　　拉镜头则与推镜头相反，它是摄像机向后移动，逐渐远离被摄主体所拍摄的镜头。镜头取景范围由小变大，逐渐把陪体或环境纳入画面；被摄主体由大变小，其表情或细微动作逐渐不再清晰，与观众的距离也逐步加大；画面景别由特写或近景、中景变成全景、远景。

　　拉镜头的主要作用是通过把被摄主体重新纳入一定的环境，提醒观众注意被摄主体所处的环境或者被摄主体与环境之间关系的变化。

3. 摇镜头

　　摇镜头是摄像机本身不移动，借助于活动底盘使镜头上下、左右移动，甚至旋转拍摄得到的镜头。摇镜头犹如人们转动头部环顾四周，或将视线由一点移向另一点的视觉效果。一个完整的摇镜头包括起幅、摇动、落幅3个连贯的部分，从起幅到落幅的运动过程，迫使观众不断调整自己的关注点。左右摇镜头常用来表现大场面，上下直摇镜头常用来展示高大物体的雄伟、险峻。摇镜头在逐一展示、逐渐扩充景物时，还能使观众产生身临其境的感觉。

4. 移镜头

　　移镜头类似生活中人们边走边看的视觉效果，不管被摄主体是静止的还是处于运动之中，因为镜头的移动，被摄主体都会呈现出位置不断改变的态势，充满动感。移镜头的拍摄是最灵活的，但容易造成画面抖动，这时就要用到稳定器来辅助拍摄。

移镜头通过摄像机的移动扩充了画面的造型空间，创造出独特的视觉艺术效果，在表现大场面、大纵深、多景物、多层次的复杂场景时具有气势恢宏的造型效果。

5. 跟镜头

跟镜头是摄像机的拍摄方向与被摄主体的运动方向成一定角度，且摄像机与被摄主体保持等距离运动进行拍摄的镜头。跟镜头大致可以分为前跟、后跟（背跟）和侧跟3种情况。前跟是从被摄主体的正面拍摄，也就是摄像师倒退拍摄；背跟和侧跟是摄像师在被摄主体背后或旁侧跟随拍摄。跟镜头具有被摄主体不变，背景不断变化的画面特征，被摄主体在画面中的位置相对固定，画面景别也相对固定。跟镜头可以连续而详细地表现被摄主体在运动中的动作和神情，既能突出被摄主体，又能交代其运动方向、速度、体态及其与环境的关系，使画面有特别强的空间穿越感。

跟镜头与移镜头虽然从拍摄形式上看都有摄像机跟随被摄主体运动这一特点，但二者还是有明显区别的。跟镜头是一直跟随固定的被摄主体拍摄的，主要表现的是被摄主体；移镜头往往没有固定的被摄主体，随着镜头的移动，所表现的内容不断更替，被摄主体也不断变化，更多地是表现空间环境。

6. 甩镜头

甩镜头是快速移动摄像机，从一个静止画面快速甩到另一个静止画面的镜头，中间影像模糊，变成光流，常用于表现人物视线的快速移动或某种特殊视觉效果，能使画面有一种突然性和爆发力。

7. 升降镜头

升降镜头是指摄像机在升降机上做上下运动所拍摄的画面，是一种从多个视点表现场景的方法。在拍摄过程中，由于摄像机的升降而不断改变视点的高度，以变化画面的空间。上升镜头是指摄影机从平摄慢慢升起，形成俯视拍摄，以显示广阔的空间；下降镜头则相反。

4.6 使用手机与摄像机直播

现在人们用手机、摄像机进行直播拍摄，可以说是家常便饭了，但是很多人对直播效果都不是很满意。所以，下面讲一下如何用手机和摄像机进行直播拍摄。

|4.6.1| 拍摄前的准备工作

在直播的过程中，如果拍摄者想到什么才拍什么，那么拍摄出来的视频通常效果不好。因此拍摄者需要做好拍摄前的准备工作，一切准备就绪后，再开始拍摄，直播效果就会大大提升。

在直播前需要准备些什么呢？首先是做好策划，例如美食制作类的直播，需要根据拍摄的菜品明确食材和用具，还要明确在直播过程中如何才能更好地将制作过程表现出来，等等。其次，如果是在室内直播，就要提前把现场布置成符合直播主题的场景；如果是在室外直播的话，需要提前联系好相关人员，查看当天的天气状况，等等。此外，根据脚本提前构思好画面的构图、拍摄角度和运用的运动镜头等，目的是将画面拍摄得更加饱满，使人看起来更加舒服。还要注意光线问题，不要把画面拍成忽明忽暗的。

|4.6.2| 使用手机直播的技巧

手机是我们常用的拍摄设备，只要启动直播 App，然后点击按钮就可以直播。下面为大家介绍使用手机拍摄直播视频的技巧，希望可以提升大家的直播拍摄技术。

1. 灵活运用横、竖屏直播

如果是在 bilibili（B 站）等平台直播，竖屏拍摄的画面布局和比例会给人一种不舒服的感觉，影响观看体验，所以建议横屏拍摄。如果是在抖音、快手等平台直播，则竖屏直播会带来更好的观看效果。所以直播之前，主播要先想好在哪个平台直播，灵活运用横、竖屏拍摄。

2. 画面稳定很重要

一场直播要想获得较高的播放量和点赞量，最基础和最重要的一点就是要保持画面的稳定与清晰；如果画面抖动度较大，观众的观看体验会很差。

现在很多手机都有防抖功能，建议主播在直播的时候打开防抖功能，同时在移动直播的过程中将手肘放在身体两侧夹住，这样直播效果会更稳定。而采用固定机位直播时，三脚架是必备的辅助工具。

3. 好的构图是关键

为了吸引、引导观众的视线，直播的时候要突出被摄主体，主次分明。我们可以根据不同的画面需求，灵活运用前面介绍的中心构图法、三分构图法等构图方法。

4. 合理运用光线

直播时，好的光线可以为直播画面锦上添花，而太亮或者太暗的光线则会破坏直播画面。如果发现镜头里的画面太亮或者太暗，我们可以改变一下手机或者主播的位置或重新找个角度，合理运用顺光、逆光、侧光等打造想要的直播画面。遇到光线不足的情况，最好的方法就是使用一些简单的灯光设备。

5. 合理使用运动镜头

直播时要注意不要使用同一个焦距、同一个姿势直播全程，画面要有一定的变化，拍摄者可以通过推、拉镜头等来丰富画面。在同一个场景直播时也可以通过全景、中景、近景等多个景别来实现画面的切换，使画面不会显得乏味，提高观众的观看兴趣。

6. 寻找创意角度

在众多直播视频中，想要让自己的直播视频脱颖而出，我们可以多采用一些独特的角度，拍摄一些有趣的画面。可以从不同的视角进行拍摄，例如，从主体的正上方进行俯拍，可能会获得令人惊喜的效果。也可以在拍摄主体时，在前景中加一些小物体，如一朵鲜花或者一个玩偶，让画面看起来不那么沉闷。

此外，在直播之前，我们需要检查一下手机的电量与内存是否充足，可以带上一个充电宝和存储卡。同时也需要做好直播计划，尽可能把所有事情先计划好，如直播地点、用时、构图、运镜等，提高直播效率，避免浪费时间。

|4.6.3| 使用摄像机直播的优势和技巧

使用手机直播可能无法满足专业直播团队的需求，因此越来越多的人开始使用拥有更专业拍摄功能的摄像机。下面让我们来了解一下使用摄像机直播的优势和技巧。

1. 使用摄像机直播的优势

大家都知道单反/微单相机的摄影功能很强大，其实它们的录像功能也同样强大。跟手机和一般的摄像机相比，单反/微单相机拥有什么优势呢？下面让我们来了解一下。

● 丰富的镜头选择

单反/微单相机的镜头对于画面成像具有相当重要的作用。选择不同焦段的镜头可以获得不同景别、景深的画面。在画面景别上，使用长焦镜头可以拍摄更远的画面，使用广角镜头则可以拍摄更宽广的画面。不同的镜头光圈则会给画面带来不同的景深效果, 也就是背景虚化效果。光圈越大, 背景虚化效果越强。虽然现在很多手机自带的摄像头和手机适配的镜头也可以改变焦距等, 但是跟单反/微单相机相比还是有很大的差距。

● 更好的画质呈现

拍摄画面质量的好坏, 不仅取决于镜头, 还取决于图像传感器, 也叫感光元件, 它的大小直接关系到拍摄成像的效果, 感光面积越大, 成像的质量越好, 而单反/微单相机的图像传感器尺寸远远超过手机, 这意味着单反/微单相机有着更高的像素采样、更广的动态范围以及更好的感光能力, 所以能够呈现出更优质细腻的画面。

2. 使用摄像机直播的技巧

其实使用单反/微单相机拍摄视频很简单, 但是对于初学者来说, 想要拍摄出比较专业的效果, 还是需要掌握一些技巧, 并需要为单反/微单相机配置额外的配件。

● 保证相机电量充足

直播之前, 我们需要知道要直播的主题和内容, 大概知道拍摄的时间。尤其是在拍摄商业视频时, 如果因为相机电池没有电而耽误拍摄, 会造成一些麻烦, 所以拍摄视频之前我们需要把电池充满电。

● 设置适合的视频录制格式

很多初学者经常拿起相机就开始拍摄, 没有提前设置, 拍完之后发现视频尺寸不对, 可能需要重新拍摄, 这样便会给后续工作造成一些不必要的麻烦和问题。一般在没有特殊要求的前提下, 我们通常设置 1920×1080 的分辨率和 25 帧/秒的帧率。

● 使用 M 档曝光模式

使用单反/微单相机拍摄视频时, 建议使用相机的 M 档, 手动设置曝光模式, 这样更方便单独控制快门、光圈、感光度。如果选择自动模式, 在一些明暗变化较大的场景下, 视频画面也会忽明忽暗, 影响观看体验。

● 设置快门速度

录制视频与拍摄静态照片的快门设置是不同的, 使用单反/微单相机拍摄视频时, 若快门速度过快, 画面会出现明显的卡顿; 反之, 若快门速度过慢, 画面的运动模糊就越明显, 画面变得不清晰。拍摄视频时, 一般将快门速度设置为拍摄帧率的 2 倍即可, 通常帧率设置为 25 帧/秒, 快门速度设置为 50。

● 设置光圈

光圈主要控制画面的亮度及背景虚化程度，光圈越大，画面越亮，背景虚化越强；光圈越小，画面越暗，背景虚化越弱。大家需要正确理解并记住，光圈数值越大，表示的实际光圈越小，比如说 F2.8 是大光圈，F11 是小光圈。当光圈过小，画面过暗时，我们可以用感光度来配合调整。

● 设置感光度

感光度（ISO）是协助我们控制画面亮度的一个变量，在光线充足的情况下，感光度越低越好，即使是比较暗的情况，感光度也不要设置得太高，因为过高的感光度会在画面中产生噪点影响画质，特别是感光度大于 2000 时，我们会看到屏幕上有很多小点在闪动，这就是噪点，不仅严重影响画质，而且后期还无法修复。

● 手动调节白平衡

如果拍摄视频时会有较多的背景环境变化，直接使用自动白平衡会造成每个视频片段画面颜色不一致的现象，因此我们需要手动调节白平衡及色温值（K 值）。色温值越高，画面越暖，越偏黄色；色温值越低，画面越冷，越偏蓝色。一般情况下，将色温值调到 4900~5300 即可，这个范围属于中性值，适合大部分的拍摄题材。

● 手动对焦

拍摄视频时，一大难点便是控制对焦，如果选择自动对焦，在拍摄视频的过程中很容易出现脱焦、对焦拉风箱等失误，所以最好将对焦模式切换到 MF，手动控制对焦。

● 提高录音质量

一个好的视频不止要画面清晰美观，声音也是至关重要的，大多数单反 / 微单相机的内置麦克风的收音效果不尽如人意，所以我们最好购买一只可以安装在热靴上的麦克风，再配合设置相机内手动录音电平功能，可以大幅提升单反 / 微单的录音质量。如果在户外进行视频录制，建议开启风声抑制功能，降低风噪。如果对录音的实时监听有较高的要求，建议购买带有耳机监听接口的机型，可以通过耳机实时监听录音效果。

## 第 5 章

直播视频的录制与后期处理

5.1 开通直播权限及直播设置

|5.1.1| 开通直播权限

掌握了一定的拍摄技能之后，用户需要选择一个直播平台，并满足平台开通直播权限才可以开始直播。本节以快手平台为例进行介绍（版本更新可能导致实际过程有所改变）。

开通快手平台直播权限的门槛并不高，只需要满足以下 4 个条件。

① 绑定手机号码。

② 进行实名认证。

③ 年满 18 周岁。

④ 账号处于正常状态。

1. 绑定手机号码

注册快手账号时，按照提示绑定手机号码即可。如果注册的时候没有绑定手机号码，可以打开快手 App，点击界面左上角的▤按钮，界面左侧会弹出一个菜单面板，点击菜单面板右下角的【设置】按钮，如图 5-1 所示。

图5-1

进入【设置】界面，选择【绑定手机号】选项，即可进入【绑定手机号】界面，输入手机号和验证码后点击【确定】按钮，即可完成绑定，如图5-2所示。

图5-2

2. 实名认证

按照前面介绍的方法进入【设置】界面，选择【账号与安全】选项，即可进入【账号与安全】界面，选择【实名认证】选项，如图5-3所示。

图5-3

进入【实名认证】界面，上传身份证的正反面照片，并勾选【已阅读并同意《人脸验证协议》和《实名认证服务协议》】选项，然后点击【下一步】按钮，如图 5-4 所示。

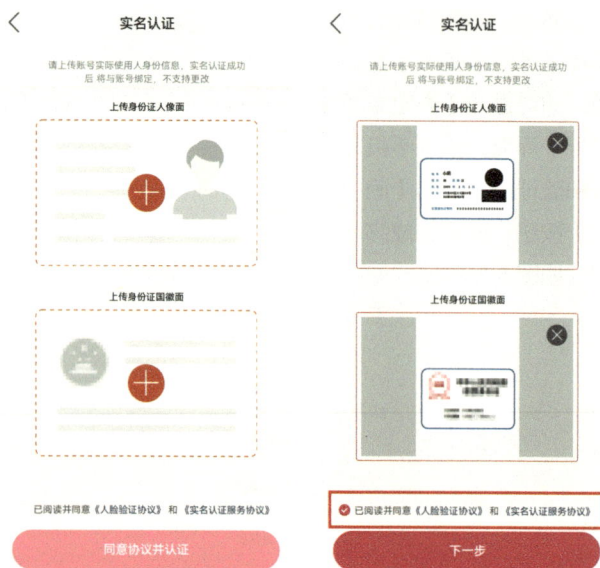

图5-4

在界面中可看到真实姓名和证件号码，核实无误之后，点击【进入人脸检验】按钮进行人脸检验，检验过程中，按照提示完成眨眼、张嘴等动作，人脸检验成功后，系统会提示实名认证已通过，如图 5-5 所示。

图5-5

|5.1.2| **直播设置**

　　绑定手机号码并完成实名认证后，系统会根据实名信息判断用户是否满 18 周岁。如果用户已满 18 周岁，且账号没有违规，那么用户就可以开始直播了。

　　打开快手 App，进入【精选】界面，点击界面下方的 ⊕ 按钮，弹出【开播须知】对话框，点击【同意并开播】按钮，进入直播类型选择设置界面，用户可以根据需求选择不同的直播类型，如视频、语音、聊天室和游戏等，如图 5-6 所示。

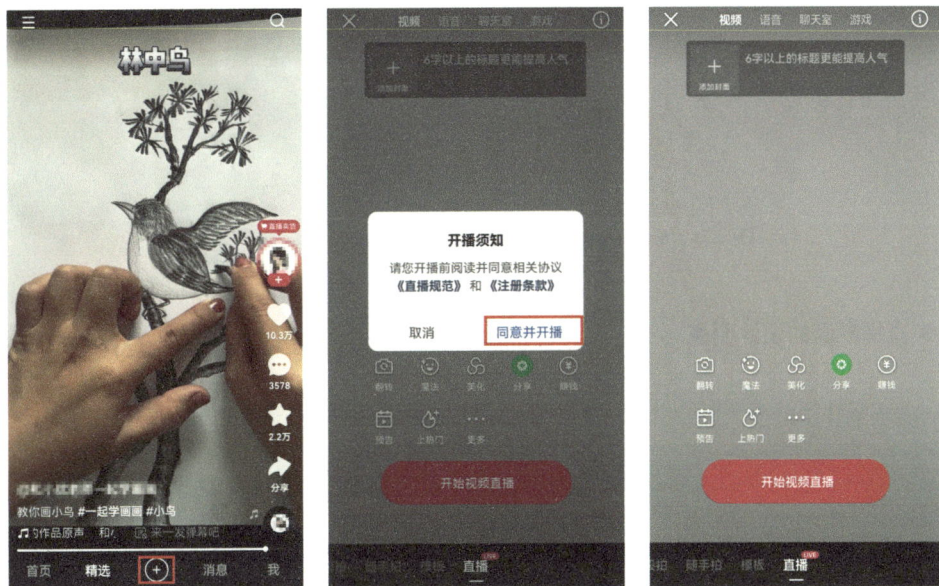

图5-6

　　选择完直播类型之后，通常还需要进行直播封面和标题的设计。

1. 直播封面的设计

　　在正式开始直播之前还需要设置直播封面。直播封面是直播间的门面，也是影响直播间流量的关键因素之一。在同等排名条件下，通常直播封面设计得越美观，直播间可以获得的流量就越大。直播封面示例如图 5-7 所示。

图5-7

● **直播封面的设计要点**

在设计直播封面时，通常需要注意以下几个要点。

直播封面要符合直播主题

直播封面要符合直播主题，使用户看到直播封面，就可以大概知道直播的内容是什么，从而决定要不要进入直播间。

直播封面要干净、清晰、整洁

直播封面一定要保证干净、清晰、整洁。一方面要保证封面中的图片是清晰的，模糊不清的图片会影响用户的浏览体验，导致无法吸引用户；另一方面要保证直播封面中不要有过多的文字，因为过多的文字容易使直播封面显得杂乱无章，同样影响用户的浏览体验。

直播封面的色彩要合理

首先，直播封面图的色彩要尽可能鲜艳明亮，但不要过分冗杂；同时也要注意直播封面尽量不要选择白色，因为白色的直播封面通常不够突出、醒目，很难吸引用户。直播封面在色调上要与直播内容相呼应，体现直播主题。

直播封面的拒绝低俗、切勿侵权

禁止为了博人眼球，在直播封面中使用一些低俗的内容。另外，直播封面不能使用直播间没有出现的人作为封面图，可以使用直播间出现的人物作为封面图，而且要有相关的授权文件，避免造成侵权。

直播封面尽量不要重复

每一次的直播封面尽量不要过于雷同，如多次直播都使用相同或极为相似的直播封面，容易让用户觉得每次直播的内容都是相同的。

● **不同直播类目的直播封面制作建议**

除了上述通用的设计要点外，不同直播类目的直播封面应体现自身的特点，下面给出几种常见直播类目的封面制作建议。

美妆类

① 直播封面不能仅包含商品，还要尽量包含主播形象。
② 直播封面中的主播形象为妆后照，或者是主播化妆前后的对比图。
③ 直播封面宣传的内容要和妆容类型保持一致。

穿搭类

① 直播封面应展示主播形象和服饰。
② 直播封面要放主播搭配后的照片，或者是主播搭配前后的对比图。
③ 直播封面宣传的直播内容要和直播过程中展示的内容保持一致。

美食类

① 直播封面展示主播形象或主播形象和美食。
② 直播封面展示的美食应是直播过程中展示的美食。

全球购

① 直播封面展示的主播照片需要是在国外地标场景中拍摄的，或者是国外生产商品的实拍图。
② 直播封面中的图片要有版权，还要与标题内容、商品产地的地域特色相符。

2. 直播标题的设计

直播标题的设计对直播来说也是一个非常重要的环节。一个好的直播标题既可以吸引用户点击增加直播间的流量，还可能获得平台推荐，使直播获得大范围的传播。反之，一个不好的直播标题可能会导致优质的直播内容被埋没。

● **直播标题的类型**

根据内容的特点，直播标题可以分为：内容直述型、活动型和教程型等。

内容直述型

内容直述型标题就是直接体现直播内容的标题，如"等了很久的玉菇甜瓜，马上结束"，观众通过标题就可以了解到直播间是售卖玉菇甜瓜的，如图5-8所示；"西柚冰冰教学直播"，观众看到标题就知道直播内容是西柚冰冰饮品制作的教学，如图5-9所示。

图5-8

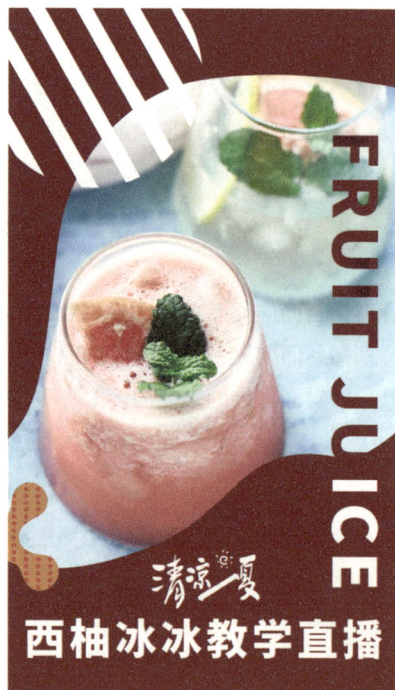

图5-9

活动型

活动型标题就是展现一个直播中的活动的标题，这种类型的标题可以吸引那些喜欢参加活动的观众，同时也可以吸引那些想要了解更多活动信息的观众，如图5-10所示。

教程型

教程型标题通常会提出一个技能或者知识点，然后主播在直播中会讲授这个技能或者知识点。这种类型的标题可以吸引那些想要学习这个技能或者知识点的观众，如图 5-11 所示。

图5-10

图5-11

● 直播标题的写作技巧

怎样才能写出一个好的直播标题呢？下面介绍几种常用的直播标题写作技巧。

直击痛点

直击痛点就是以用户在生活中的烦恼为核心，将直播内容与解决方案联系在一起，并将其巧妙地体现在直播标题中。抓住用户痛点，通常可以吸引用户的注意力。如"职场必会的 Excel 办公小技巧"，这对于职场办公人员来说，是非常有吸引力的，很容易使其产生点进去观看的想法。

借势热点

通常有热点就有流量，用户对热点的关注度通常比较高，因此直播标题如果能借势近期的热点，就非常容易吸引用户。例如在每年 6 月，高考是一个热门话题，因此在高考前后，很多主播就会借助"高考"这个热点来写标题，如"高考考生购机享优惠"。

逆向表达

逆向表达就是指"不按套路出牌"，换个角度看问题，从而吸引用户注意。如带货直播间的常规标题是"走过路过不要错过，直播间千万好物在等你"，用户看习惯后，难免会对此类标题失去兴趣；如果将直播标题改成"我也不想买啊，可是实在是太优惠了！"就会有非常大的反差，显得特别新奇、独特，很容易吸引用户。

制造悬念

好奇是人的天性，所以可以利用用户的好奇心，例如在标题中抛出悬念，以此来抓住用户的眼球，如"Excel 竟然可以做抽奖系统"。

展示利益

展示利益就是让用户了解到在直播间可以获得什么利益，或者有什么权益，从而吸引用户点击，如"进入直播间就可以免费获取一份志愿填报指南"。

制造紧迫感

制造紧迫感就是利用产品的价格或数量等对用户有诱惑力的内容做诱饵，促使用户观看直播，如"只有 100 单，数量有限，手慢无"。

5.2 直播视频的录制

直播团队录制直播视频后，可以通过回看直播视频，及时发现直播过程中可能存在的异常或不足，而且可以从录制的视频中剪辑出一些精彩片段制作成短视频，发布到短视频平台上。另一方面，当观众在观看直播视频时，如果觉得视频比较精彩，后面还想反复观看时，也可以对直播视频进行录制。

|5.2.1| **手机录制直播视频**

使用手机录制直播视频，既可以使用手机自带的录屏功能，也可以使用专业的录屏 App。

1. **手机自带的录屏功能**

现在的智能手机一般都带有录屏功能，只是不同的手机录屏功能的位置略有不同而已。如果你使用的是三星手机，在任务栏里面点击【录屏工具】按钮，即可进行录屏操作，如图 5-12 所示；对于华为手机，打开控制中心，点击【屏幕录制】按钮，即可进行录屏操作，如图 5-13 所示；对于苹果手机，下滑找到右下角圆形图标，点击该图标即可开始录屏，如图 5-14 所示。

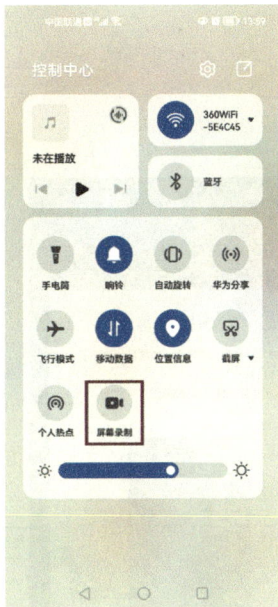

| 图5-12 | 图5-13 | 图5-14 |

2. **使用录屏大师进行录制**

用户除了可以使用手机自带的录屏功能进行直播视频录制，还可以使用专业的录屏 App 进行录制。使用"录屏大师"进行录制的具体操作步骤如下。

打开录屏大师，在主页可以进行清晰度设置、声音设置、录屏方向设置和录屏悬浮窗设置，根据需求进行设置即可，如图 5-15 所示。

图5-15

为了更方便地对录屏大师进行操作，我们可以打开录屏悬浮窗。在录屏大师主页，点击录屏悬浮窗的打开按钮，不同手机的录屏悬浮窗的权限开启方式略有不同，图5-16所示是某华为手机的录屏悬浮窗的权限开启方式。

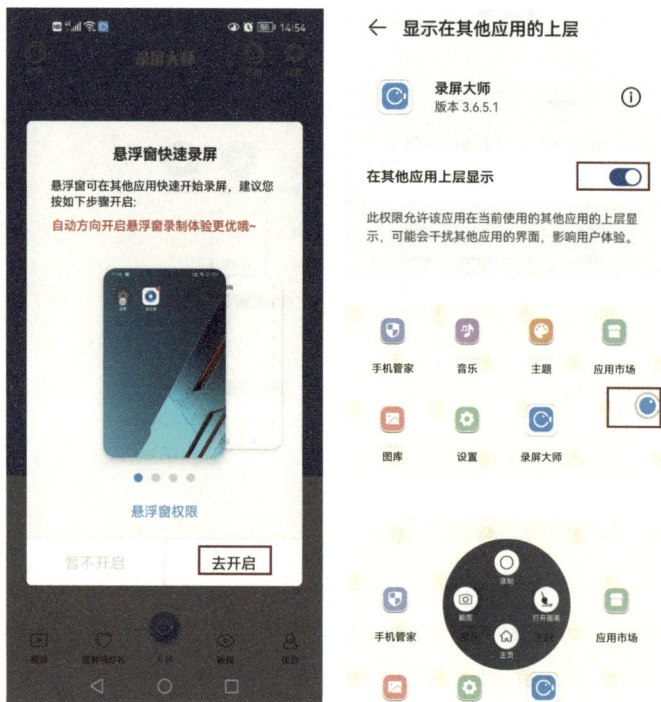

图5-16

5.2.2 计算机录制直播视频

手机录制直播视频的优点是方便，随时随地都可以录制，但是使用手机录制直播视频也有缺点，主要包括手机内存有限，在录制过程中可能受到来电的影响等。因此，很多时候我们需要使用 PC 录制直播视频。

使用 PC 进行直播视频录制的方法也很简单，一般选用专业的录屏软件，例如 Camtasia，如图 5-17 所示。

使用计算机录制直播视频的前期设置步骤如下。

① 打开已经安装好的屏幕录制软件，选择屏幕的录制区域：全屏或者自定义屏幕区域。

② 根据自身需求及需要录制的视频时长，对视频参数 (包括视频格式、视频清晰度、视频帧率、声音来源等) 和视频文件保存路径等进行设置。

③ 全部设置完成之后进行检查，确保所选视频文件保存目录空间充足。

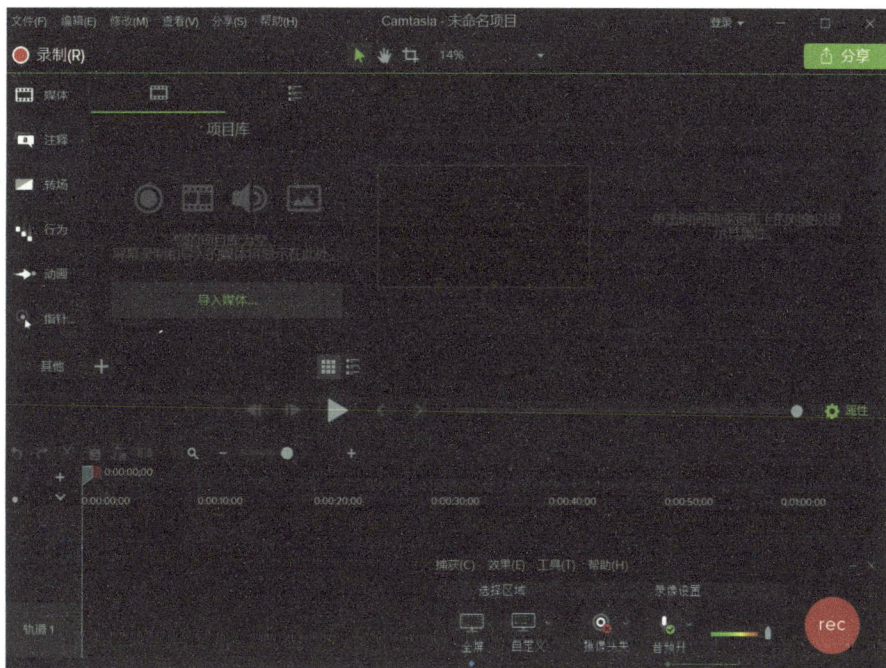

图5-17

5.3　直播视频剪辑基础

直播视频录制完成后，为了方便分发和后期观看，通常需要对其进行编排剪辑。

|5.3.1| 直播视频剪辑的流程

直播视频剪辑的一般流程如下。

● 采集和复制素材文件

首先将前期录制的视频素材文件保存到 PC 或手机上，然后整理前期录制的所有视频素材文件，并编号归类为原始视频资料，便于剪辑过程中查找和使用。

● 视频粗剪

审查全部的原始视频资料，从中挑选出内容精彩、画质优良的部分，并按照合理的结构顺序和编辑方案，将挑选出来的视频资料组接起来，构成一则完整的视频。

● 视频精剪

视频精简就是把全部视频中所有需要的片段剪辑出来，并为视频进行适当加工，如为视频添加字幕、添加解说配音、制作片头片尾等。

● 视频合成

各个视频片段精剪完成后，将所有素材全部合成到视频画面中，制作成最终的直播视频切片。

● 输出短视频

剪辑完成后，创作者可以采用多种形式输出短视频，如果需要利用视频切片进行推广，那么就可以将其上传到一些平台上进行曝光。目前，短视频的输出格式大多为 MP4，因此创作者一般输出 MP4 格式即可。

|5.3.2| 直播视频剪辑的原则

剪辑直播视频需要遵循一定的原则，主要包括以下内容。

● 注重情感表达

一条视频的质量与其情感表达能力有着密切关联。任何视频都有其外在或内在的情绪。例如，新闻类视频虽然以一种客观的角度传递信息，但字里行间都能透露出这则新闻隐藏的内在情感。注入情感表达的视频，更容易获得观众的喜爱。

所以在剪辑视频时，需要为原有素材注入更加丰富的情感色彩，同时要注意确认每个镜头的运用是否恰当地表达了情感，是否有利于准确地传达情绪。

● **塑造精彩的故事情节**

故事情节是视频的重要组成要素，它决定了视频的内容是否流畅，故事的高潮能否引发观众的好奇心等。不管是什么类型的直播视频，在剪辑的时候都尽量以塑造精彩的故事情节为剪辑原则。例如，抖音平台中，故事类短视频作品就较为丰富。"故事"作为一种表达方式，常和其他垂直类别的视频相结合（如故事+美食、故事+旅游、故事+娱乐），这类视频往往能取得不错的传播效果。

● **把控好剪辑节奏**

视频的节奏感就像一首音乐的旋律节奏或一部小说的情节节奏一样，都讲究轻重缓急，抑扬顿挫。把控好剪辑节奏才能让观众产生共鸣。

剪辑节奏主要包括两个方面：一个是内容节奏，另一个是画面节奏。

剪辑剧情类视频时需要根据剧情发展来确定内容节奏。在剪辑这类视频时，要当机立断，把冗长、多余的人物对白和画面删除，留下对剧情发展有帮助的精华内容，以免节奏过于拖沓。但也不要为了过分追求精简而大篇幅删减镜头，容易造成重要内容丢失，导致剧情发展不连贯。

视频的画面节奏一般都是与背景音乐相结合来实现的。在剪辑音乐类视频时，需要根据音乐的节奏来确定画面的节奏。简单点说，就是在背景音乐的重音时对将画面进行剪切过渡（切镜头），做到舒缓有致，从而给观众带来视觉与听觉的双重享受。

|5.3.3| 直播视频剪辑的注意事项

剪辑直播视频时应注意以下 4 个事项，以保证剪辑出的直播视频切片给人以流畅的观看体验。

● **统一画面重点**

对于多段视频，镜头切换容易使画面混乱，无法突出重点。这种情况通常可以运用两种方法进行处理。

一种是将画面重点始终放在相似位置，即被摄主体始终处于画面中的固定位置，便于观众快速寻找画面重点。

另一种是当人物作为被摄主体时，可以将人物的眼睛（视线）作为画面重点，在适当范围内剪裁画面，保证观看短视频的观众能够在某个固定的区域内找到重点。

● 统一运动方向

多段视频衔接时，要符合常规逻辑，保证动作的连贯性，让前后镜头及整个故事的表达顺畅且完整。如果两个画面中的被摄主体以相似的速度向相同的方向运动，那么视频剪辑人员可以将两个镜头衔接在一起，使两个画面完美连接。例如，第一个镜头是一个年轻人换好运动服出门，下一个镜头是该人物向相同方向跑步，这两个画面中的被摄主体都是这个年轻人，且运动方向相同，那么将两个镜头剪辑在一起时，会形成一个自然的转场，呈现出一气呵成的效果。

● 结合相似部分

两个截然不同的镜头也能自然地衔接在一起，且采用这样的剪辑方法能够为视频画面增添不少的美感。其秘诀在于，两个看似不同的画面，实则存在相似的元素，剪辑时需要找到镜头中相关联的部分元素，将两者恰当结合即可。镜头中有关联的元素可以是相同的运动轨迹，也可以是相同的道具。无论是运动镜头，还是静止镜头，只要视频剪辑人员能找到两者中相关联的元素，就能将其自然衔接。例如，走下楼梯和进入电梯是两个不同的场景，但两者有着类似的运动状态和逻辑关系，那么视频剪辑人员就可以将这两个镜头衔接在一起，使画面看起来连贯而流畅。

● 统一画面色调

有句话是这样说的"无调色，不出片"，可见调色对于视频剪辑的重要性。对视频画面的色调进行调整，无形中会增强视频画面的表现力和感染力，视频的意境、氛围也会随着调色而改变，给观众带来不一样的视觉感受。调色是视频剪辑中经常会用到的剪辑技巧，在调整多个视频画面的色调时，要使每个镜头的色彩都与视频的整体画面风格相符，切勿把色调完全不同的素材拼接在一起。频繁更换色调不仅会使视频画面看起来突兀，而且会影响观众的观看体验。

|5.3.4| 直播视频剪辑的常用手法

直播视频剪辑并不是简单地把不要的部分剪去，把有用的部分连接起来。直播视频剪辑讲究创意性，需要达到出人意料的效果。想要达到这种效果，可以使用以下常用手法。

● 动作顺接剪辑

动作顺接剪辑是指镜头在角色运动时仍然进行切换，剪辑点不一定要在人物展开拳脚之际，可以根据运动方向或者可以在人物转身的简单镜头设置中切换。

例如，画面中的人物正在抛掷物品时，或者穿过一道又一道门时，镜头瞬间切入下一个画面。采用这样的转场很自然地将人物与下一个镜头中的环境连接起来，展示出人物动作交集的画面，营造了一种自然、连贯的氛围，带给观众非凡的视觉体验。

● 交叉剪辑

交叉剪辑是指将同一时间、不同空间的两个或多个场景来回切换，以建立这些场景中角色之间的联系。

适当采用交叉剪辑手法，可以通过镜头切换带来的节奏感增强视频画面的张力，制造悬念，表现人物内心的复杂情感，从而营造紧张的氛围，带动观众情绪。在剪辑惊悚、悬疑类视频时，采用这种剪辑手法能够呈现出揭秘的画面效果，令视频更加戏剧化。例如在影视中大多数打电话的镜头一般都是使用交叉剪辑。

● 跳切剪辑

跳切剪辑打破了常规状态下镜头切换时需要遵循的时空和动作连贯的要求，仅以观看角度的连贯性为依据进行较大幅度的跳跃式镜头组接，以突出某些必要的内容。

对同一场景下的镜头进行不同视角的跳切剪辑，可用来表示时间的流逝。跳切镜头也可以用于体现关键剧情，以增强迫切感。

● 跳跃剪辑

跳跃剪辑是一种效果很突然的剪辑手法，常用于突然打破前一场景的情绪。影视剧中许多表现人物从噩梦中惊醒的画面，使用的就是这种剪辑手法。此外，从一个激烈的大动作画面转至安静缓和的画面，或从安静场景转换到激烈画面，也可以采用跳跃剪辑。

因此，视频剪辑人员在剪辑两段跨度比较大的视频时，可以在添加滤镜之后利用跳跃剪辑塑造画面的"高级感"。

● 叠化剪辑

叠化剪辑是指将一个镜头叠加到另一个镜头上，逐渐降低上一个镜头的透明度，从而形成叠化的效果，它是一种比较简单、易操作的剪辑手法。

叠化剪辑跟跳切剪辑一样，也可以表现时间的流逝。除此之外，叠化剪辑还可以展现人物的心理活动或想象，以及过渡至平行时空的剧情事件等。在一些风景和人物的过渡镜头中使用叠化剪辑，时常会获得令人意想不到的效果。除了不同镜头的叠化外，也可以对同一个镜头进行叠化剪辑处理。

● 匹配剪辑

匹配剪辑是连接两段视频中被摄主体动作一致或构图相似的镜头。匹配剪辑通常被错误地认为是跳切剪辑，但二者是不同的，匹配剪辑常用于转场。在两个场景中，当被摄主体相同并且画面需要表现两个场景之间的联系时，可以运用匹配剪辑达到连接两个画面的效果，这会在视觉上给人非常炫酷的奇妙享受。

要注意的是，匹配剪辑不仅可用于动作状态的转换，还能用于台词语言的衔接。例如，两个人在说同一段话时，根据语言顺序交替剪辑，会使画面更加具有紧凑感。

● 平行剪辑

平行剪辑是指将不同时空或同时间、不同空间发生的两条或多条故事线并列表现。平行剪辑是分头叙述内容的不同部分，并将其统一呈现在一个完整的结构中。

在影视剧中，平行剪辑常用于高潮片段，每条故事线虽然独立发展，但观众在观看时会不自觉地产生疑问，思考反复交替出现的两条或多条故事线之间有何联系，接下来的剧情将如何发展。在直播视频切片制作中使用这种剪辑手法，能够将观众带入剧情当中，增强内容的吸引力。

● 淡入淡出剪辑

淡入淡出剪辑是指镜头从模糊进入全黑画面或从全黑画面淡出，它是最简单的一种剪辑手法。淡入淡出剪辑在影片中常用于转场，一般用于某个情节的开始或者结束。最常见的是电影开场，全黑的画面中，音乐或者台词先出现，再慢慢浮现出清晰的镜头。

● 隐藏剪辑

隐藏剪辑是指利用阴影或遮挡物，营造画面仍处于同一镜头的假象的剪辑手法。隐藏剪辑时，剪辑点被藏在镜头的快速摇动里，也就是在镜头运动中实现剪辑转场，或者利用穿过画面或离开镜头画面的物体衔接镜头。例如，人物正在街边从左往右走去，画面中开过一辆汽车，下一画面就是另一个行走的人物。此处的剪辑转场就是利用了运动的汽车作为遮挡物，使剪辑点不易被发现，达到一种连贯的画面转换效果。

● 组合剪辑

视频剪辑人员需要根据视频的剧情发展及主题，灵活地运用各种剪辑手法，将它们富有创造性地组合在一起，这会让直播视频切片更有特色，如"交叉剪辑＋匹配剪辑"等组合。

采用不同的组合剪辑会产生不一样的画面效果，可以大大增强画面的张力，充实镜头，让直播视频切片的内容呈现更加丰富。

|5.3.5| 直播视频剪辑的情绪表达技巧

视频的"情绪表达"是升华视频内容的重要方式。下面介绍一下在直播视频剪辑时可以用来表达不同情绪的技巧。

● 镜头时长

人在表达情绪的时候是需要酝酿的，因此视频剪辑人员需要留足镜头时长，让观众慢慢体会镜头中人物的情感。

无论是说话者还是倾听者，都要给予情感上的停顿。也就是说人物说到情感的关键点时，下一句话不要接得太紧，应该给这段情感点的话留出空白的停顿。例如表现一段凄惨的片段，小孩子在号啕大哭，但是这时候镜头来回快速切换，那作为观众还能够体会到小孩的难过吗？

● 镜头组接

前面我们介绍过景别的内容，特写和近景都是近距离表现人物，尤其是特写能够表现人物表情的变化，通过表情，观众便能明确地感受到人物的情绪，因此特写也是人物心理外化的手段。视频剪辑人员可以在短视频内容的恰当位置插入一组近景或特写镜头，表现人物的情绪。例如，紧握拳头的镜头表示愤怒，嘴角上扬的镜头表示开心等。

除了利用特写和近景，还可以利用不同时长的镜头组接达到展现情绪的效果。例如，将多个短镜头组接在一起，可以表达开心、愤怒或紧张的情绪；将多个长镜头组接在一起，可以呈现悠闲、无聊或忧伤的情绪；后拉镜头可以舒缓情绪；急推镜头能够强化情绪等。采用不同的镜头组接方式，可以为视频内容增添不一样的情绪。

● 音乐搭配

音乐是表达和强化情绪的关键要素，利用音乐的旋律和节奏剪辑视频，可以更好地传递情绪。

卡点法——音画一致

卡点法（也叫踩点法）是指视频剪辑人员在处理剪辑点时，使画面的切换与音乐的重音、节拍、节奏，保持同步或协调，使音画关系尽量保持一致。例如，抖音常见的卡点类短视频中，画面会随着音乐的旋律产生有节奏的变化，这种声音与画面的高度一致，通常能给人带来视觉与听觉的舒畅体验。但要注意的是，旋律除了需要与画面保持一致外，还要与短视频的内容和风格保持统一。不同风格的音乐带有不同的感情色彩，在难过的时候用悲伤的音乐，在愉快的故事中用欢快的音乐，这是比较基础的音乐运用方法。

矛盾法是指将完全不同情绪的画面和音乐结合在一起，达到出人意料的效果。视频剪辑人员在为直播视频切片选择配乐时，可以另辟蹊径。例如，欢乐的画面配上忧伤的旋律，悲伤的画面搭配明快的节奏等。

但一定要注意，该方法具有一定的适用范围，对于严肃的视频内容则不适用。

● **色彩变换**

色彩能够表达情绪，对于视频画面而言，色彩的选择相当重要，它是主观情绪的外化表现。

想表现压抑、苦闷及恐惧的情绪可以用冷色调；暖色调特别适合表现神秘的气氛；较高饱和度与对比强烈的色彩会让人心情愉悦；亮色可以让画面更具生气，让人开朗愉悦；深色可以创造出幽深神秘的氛围，提示故事隐含的戏剧冲突；黑白色在表现怀旧内容时特别适合；红色会让人感觉亲切、热烈与激情；蓝色会让人感觉冷静、干净；绿色则表示青春、健康与希望。这些基本的色彩认知有助于视频剪辑人员对画面色彩进行恰当的调整。

5.4 手机端视频后期编辑

手机端视频剪辑常用的剪辑 App 有小影、美拍、剪映等，本节以剪映 App 为例，介绍手机端视频后期编辑。

|5.4.1| 认识剪映

剪映是一款专业短视频剪辑 App，支持用户直接在手机上对拍摄的视频进行剪辑和发布。对于多数只想日常拍摄短视频记录生活的用户来说，剪映是不二选择。

剪映具有强大的视频剪辑功能，支持视频变速与倒放，而且提供了非常丰富的曲库和贴纸资源等。用户使用它可以添加音频、识别字幕、添加贴纸、应用滤镜、使用美颜、色度抠图、制作关键帧动画等。它的操作非常简单，即使是初学者，也能利用它制作出自己心仪的直播视频切片。此外，利用剪映制作的直播视频切片，能够发布在几乎所有短视频平台上。

● **操作方便**

剪映中的时间轴支持双指放大 / 缩小，操作十分方便。

● **模板较多**

剪映中的模板比较多，而且更新也很快。除了当前的热门模板外，它还有卡点、日常碎片、萌娃、情感、玩法、纪念日、情侣、美食和旅行等多种类型的模板，如图 5-18 所示。

● **音乐丰富**

　　剪映提供了大量的热门歌曲、VLOG 配乐和各种风格的音乐，视频剪辑人员可以在试听之后选择使用，如图 5-19 所示。视频剪辑人员还可以提取其他视频中的背景音乐或录制旁白解说，以及调整插入音乐的音量和效果。

图5-18

图5-19

● **自动踩点**

　　剪映具有自动踩点功能，可以自动根据音乐的节拍和旋律对视频内容进行踩点，视频剪辑人员可根据这些标记来剪辑视频。

● **工具丰富**

　　剪映具有美颜、特效、滤镜、调色和贴纸等辅助工具，这些工具不但功能丰富，而且应用效果也不错，可以让短视频变得与众不同。

● **自动字幕**

　　剪映支持手动添加字幕和语音自动转字幕功能，并且语音自动转字幕功能是免费的。视频剪辑人员可以设置字幕中的文字的样式和动画。

|5.4.2| 剪映的功能介绍

　　剪映提供的视频剪辑功能十分齐全，下面介绍一些常用的功能。

1. 剪辑

剪辑功能是剪映的主要功能，在编辑主界面下方的工具栏中点击【剪辑】按钮，或者在编辑窗格中点击需要编辑的视频素材，即可展开【剪辑】工具栏，如图5-20所示。

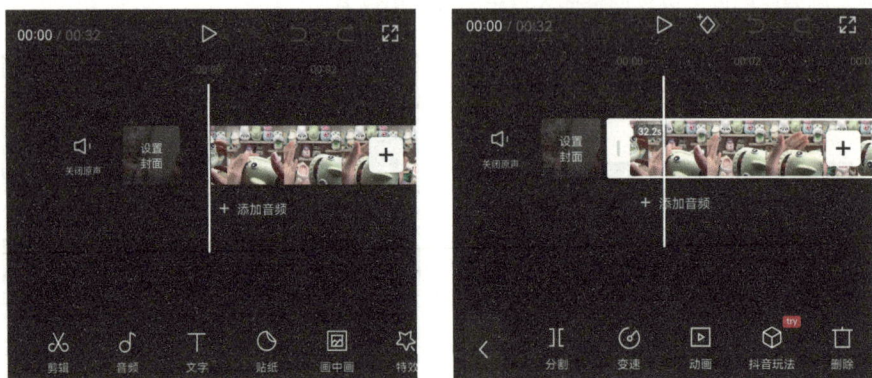

图5-20

下面介绍一下【剪辑】工具栏中包含的主要功能。

● 分割

编辑窗格中的白色竖线是时间指针，时间指针在哪里，视频就从哪里开始播放。将时间指针移动到视频中的任意位置，点击【分割】按钮，系统就会以时间指针为分割线，将视频分割为前后两部分，如图5-21所示。

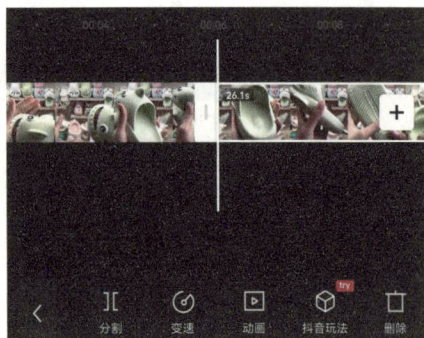

图5-21

● 变速

变速包括常规变速和曲线变速两种方式，如图5-22（1）所示。常规变速是将整段视频根据原速度的0.1倍到100倍进行变速，如图5-22（2）所示；曲线变速则是指视频的速度变化并不是固定的，不同时间点的视频速度不同。在使用曲线变速时，视频剪辑人员既可以使用系统自带的曲线变速方式进行变速，也可以自定义变速曲线，如图5-22（3）和（4）所示。

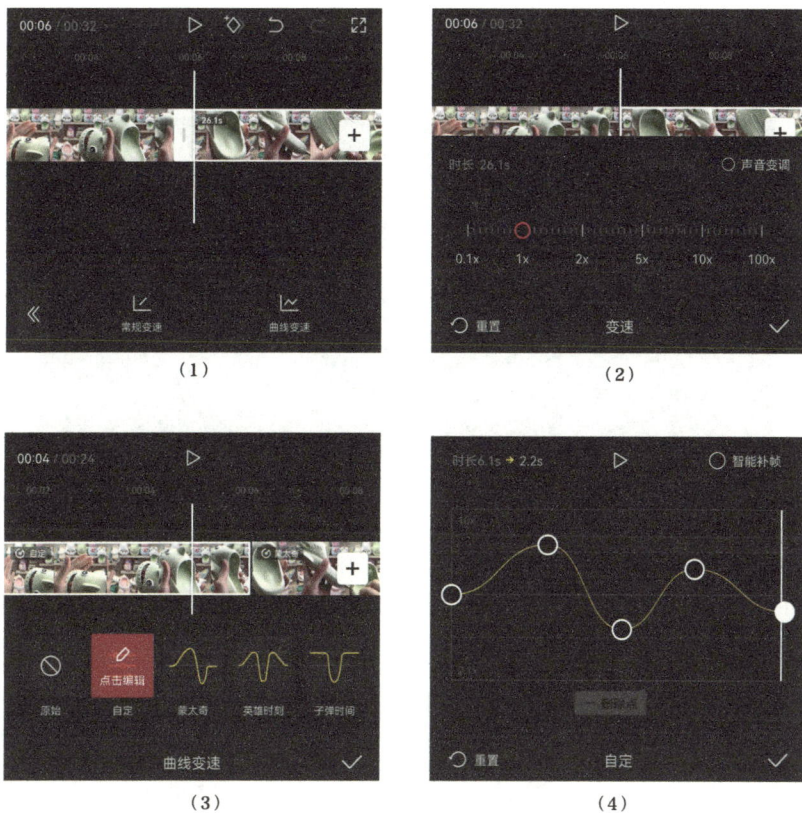

（1）

（2）

（3）

（4）

图5-22

● 动画

点击【动画】按钮，将展开【动画】栏，其中包括【入场动画】【出场动画】【组合动画】3个选项。例如，点击【入场动画】选项，将展开【入场动画】栏，在其中选择一种动画样式，即可将其应用到短视频中，如图5-23所示。

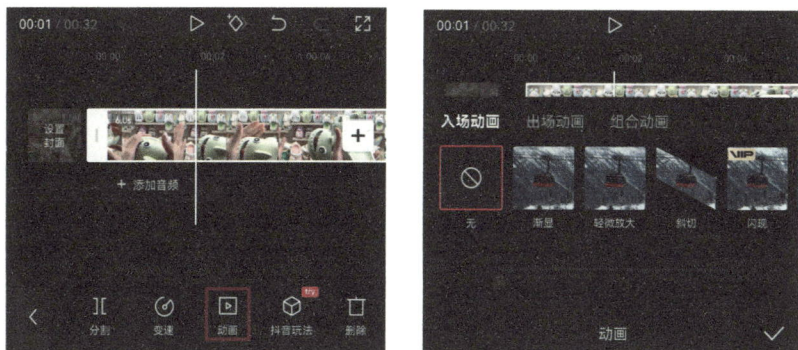

图5-23

● 删除

点击【删除】按钮可以删除当前选择的视频素材，如图 5-24 所示。

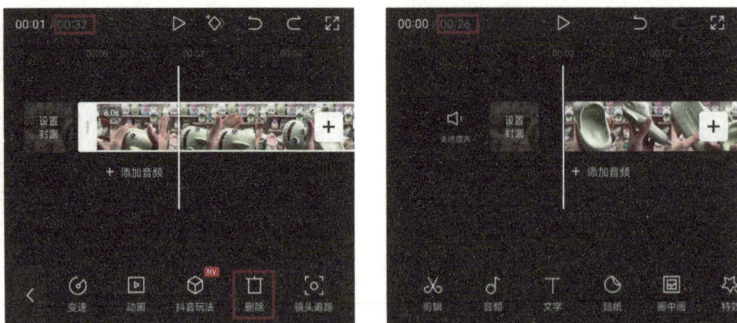

图5-24

● 音量

点击【音量】按钮，可以在展开的【音量】栏中调节当前视频素材的音量，如图 5-25（1）和（2）所示。另外，点击编辑窗格左侧的【关闭原声】按钮，可以关闭所有视频素材的声音，如图 5-25（3）所示。

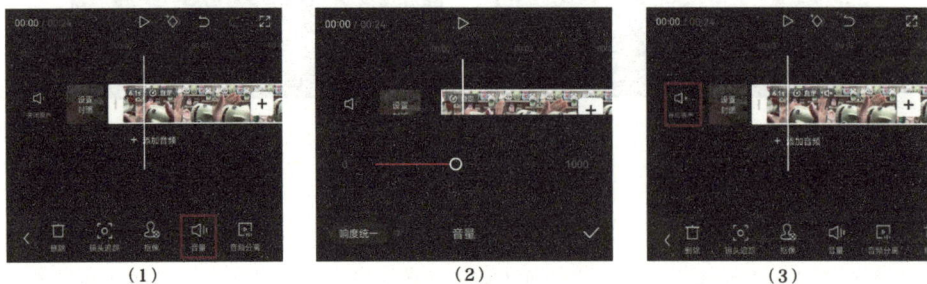

（1）　　　　　　　　（2）　　　　　　　　（3）

图5-25

● 编辑

点击【编辑】按钮，将展开【编辑】栏，其中包括【旋转】【镜像】【裁剪】3 个按钮，如图 5-26 所示。

图5-26

　　点击【旋转】按钮，将视频素材按照顺时针方向旋转90度；点击【镜像】按钮，将视频素材进行镜像翻转；点击【裁剪】按钮将展开【裁剪】栏，在其中任意选择一种比例样式，即可按该比例裁剪视频素材，如图5-27所示。

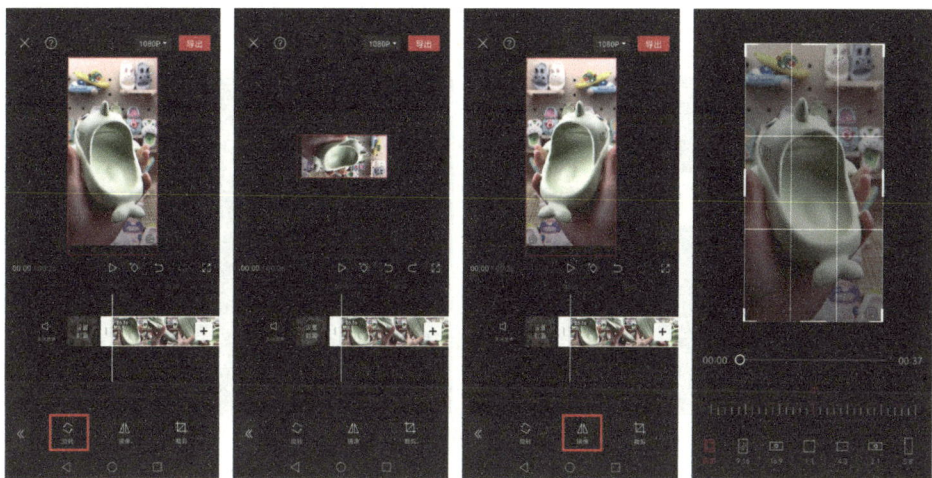

图5-27

● 滤镜

　　点击【滤镜】按钮，将展开【滤镜】栏，在其中可以选择一种滤镜样式应用到视频素材中，如图5-28所示。

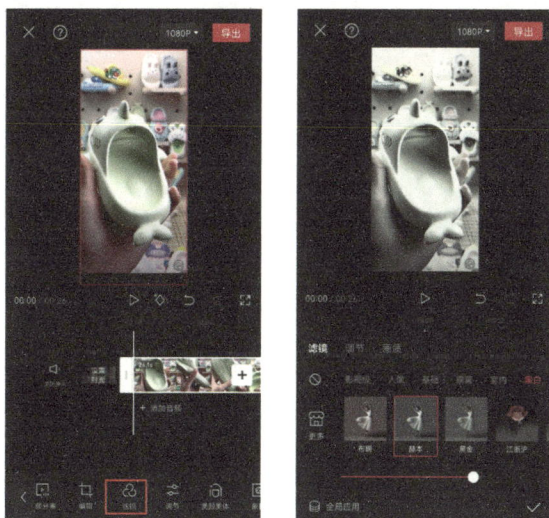

图5-28

● 调节

点击【调节】按钮，将展开【调节】栏，在其中点击对应的按钮，拖动下方滑块，即可调节视频素材的各个性能参数，包括【亮度】【对比度】【饱和度】【光感】【锐化】等，如图5-29所示。

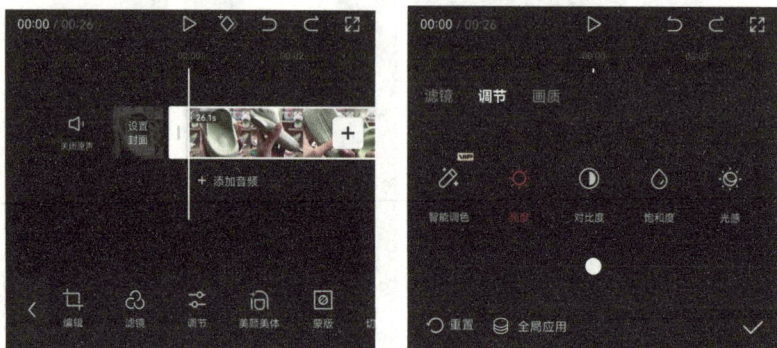

图5-29

● 不透明度

点击【不透明度】按钮，将展开【不透明度】栏，拖动下方滑块，即可调节视频素材的不透明度，如图5-30所示。

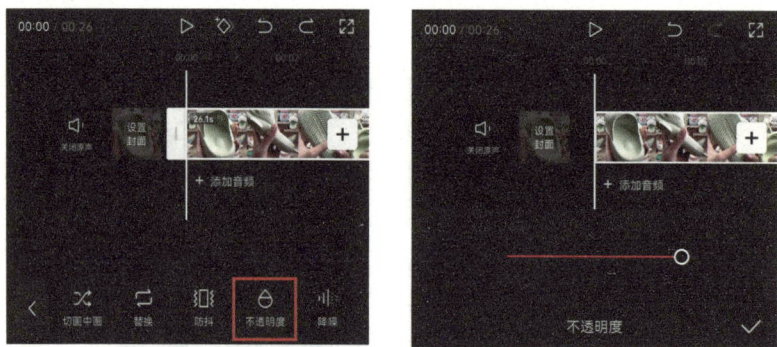

图5-30

● 美颜美体

点击【美颜美体】按钮，将展开【美颜美体】栏，点击【美颜】按钮，展开【美颜】栏，点击对应的按钮，并拖动下方的滑块即可对视频素材中的人物进行相应的美颜；点击【美体】按钮，展开【美体】栏，点击对应的按钮，并拖动下方的滑块即可对视频素材中的人物进行相应的美体，如图5-31所示。

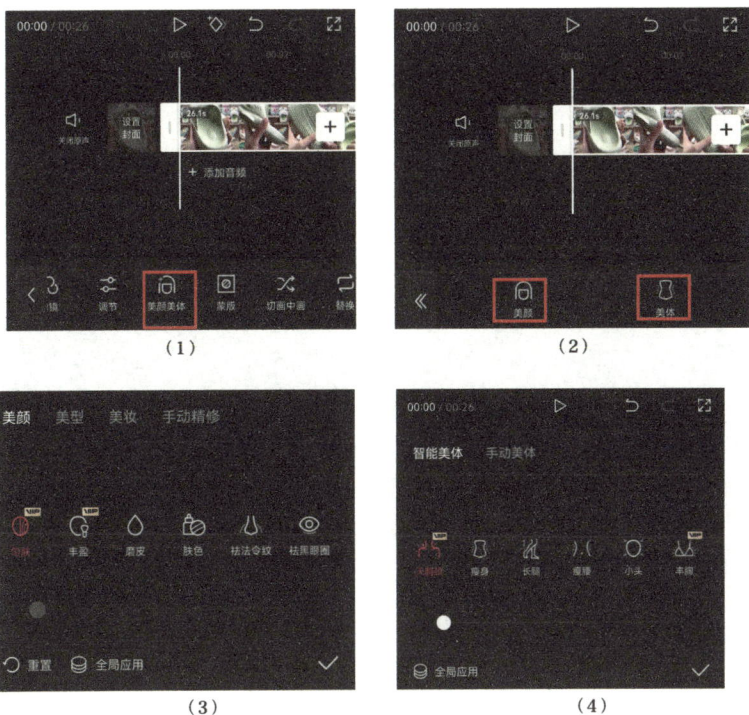

（1）　　　　　　　　　　　（2）

（3）　　　　　　　　　　　（4）

图5-31

● 变声

点击【变声】按钮，将展开【变声】栏，可以将【萝莉】【大叔】【女生】【男生】等各类声音特效应用到视频素材中，如图 5-32 所示。

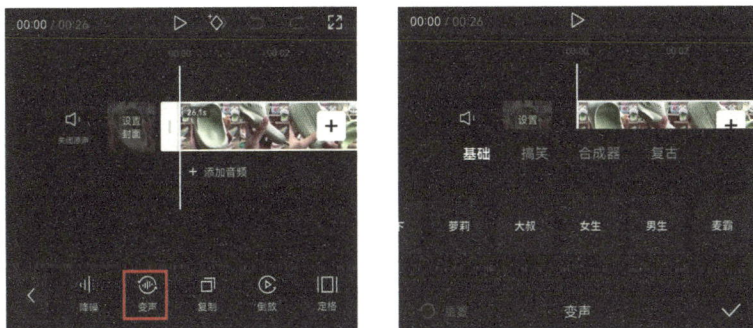

图5-32

除了上述介绍的几种剪辑功能外，视频剪辑人员在剪映中还可以进行降噪、复制、倒放等操作。

① 点击【降噪】按钮，将展开【降噪】栏，可以开启降噪开关。

② 点击【复制】按钮，将复制当前的视频素材，并粘贴至原视频的前面。

③点击【倒放】按钮，可将当前的视频素材从尾到头重新播放，再次点击【倒放】按钮，将恢复原始播放顺序。

2. 音频

在剪映的编辑主界面下方的工具栏中点击【音频】按钮，或者在编辑窗格中点击【添加音频】按钮，即可展开【音频】工具栏，其中主要包含【音乐】【版权校验】【音效】【抖音收藏】【提取音乐】【录音】6个按钮，如图5-33所示。

图5-33

①点击【音乐】按钮，将进入【添加音乐】界面，在其中可以试听、收藏和下载相关音乐，并将其添加到视频素材中，也可以搜索或导入音乐并应用。

②点击【版权校验】按钮，系统会自动读取视频音乐进行校验，显示"已通过"即可。

③点击【音效】按钮，将展开【音效】栏，在其中可以收藏、下载和应用相关的音效。

④点击【提取音乐】按钮，将打开本地视频文件夹，在其中选择一个视频文件，就能将视频中的音频提取出来作为当前视频素材的音乐使用。

⑤点击【抖音收藏】按钮，可以将在抖音中收藏的音乐应用到视频素材中。

⑥点击【录音】按钮，将展开【录音】栏，按住录音按钮即可录制声音。

3. 文字

在剪映的编辑主界面下方的工具栏中点击【文字】按钮，即可展开【文字】工具栏，其中主要包含【新建文本】【添加贴纸】【识别字幕】【文字模板】【识别歌词】等按钮，如图5-34所示。

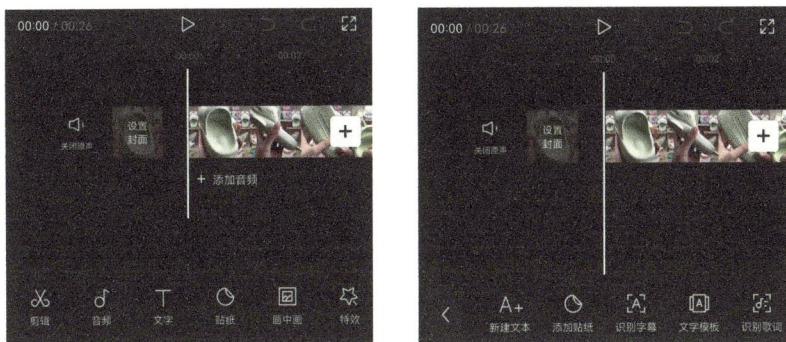

图5-34

① 点击【新建文本】按钮，将展开【文本】栏，同时在视频素材中添加文本框，在【文本】栏中可以输入文字并设置文字的样式，包括【描边】【背景】【阴影】等，另外，在视频素材中点击添加的文字，还可以调整文字的大小、位置、方向和角度等。

② 点击【添加贴纸】按钮，将展开【添加贴纸】栏，在其中可以选择不同样式的贴纸应用到视频素材中。

③ 点击【识别字幕】按钮，将自动识别视频素材中的字幕。

④ 点击【文字模板】按钮，进入文字模板。选择要使用的文字模板，点击文字进行内容修改，还可以改变大小和位置。

⑤ 点击【识别歌词】按钮，将自动识别添加的音乐中的歌词。

4. 特效

在剪映的编辑主界面下方的工具栏中点击【特效】按钮，即可展开【特效】工具栏，其中包括【画面特效】【人物特效】【图片玩法】按钮，如图 5-35 所示。

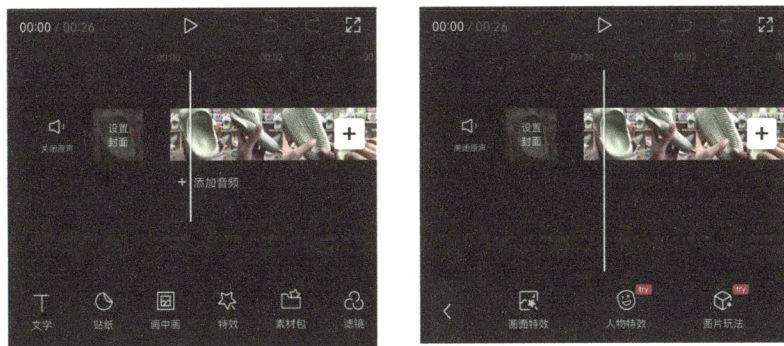

图5-35

①点击【画面特效】按钮，即可展开画面特效界面。

②点击【人物特效】选项，即可展开人物特效界面。在其中选择一种特效即可将其应用到当前的视频素材中。

③点击【图片玩法】选项，即可展开图片玩法界面。在其中选择一种图片玩法应用到当前的视频素材中。

5. 背景

在剪映的编辑主界面下方的工具栏中点击【背景】按钮，即可展开【背景】工具栏，其包含【画布颜色】【画布样式】【画布模糊】3个按钮，如图5-36所示。

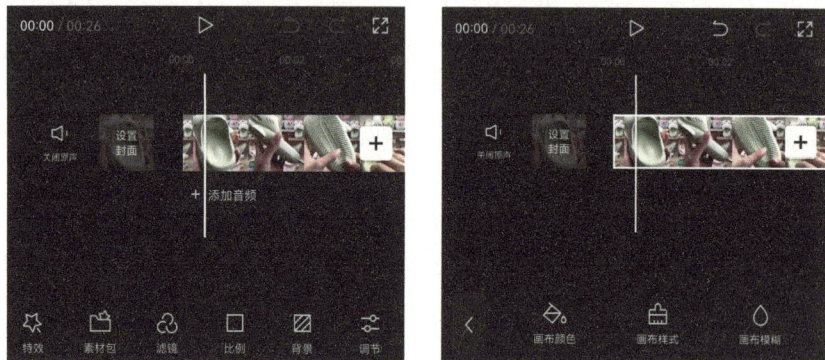

图5-36

①点击【画布颜色】按钮，将展开【画布颜色】栏，在其中可以选择一种颜色作为短视频背景的颜色。

②点击【画布样式】按钮，将展开【画布样式】栏，在其中可以选择一张图片作为短视频背景的样式。

③点击【画布模糊】按钮，将展开【画布模糊】栏，可以选择并应用短视频背景的模糊程度。

5.5　PC视频后期编辑

手机视频后期编辑虽然简单、易操作，但是手机屏幕较小，而且内存有限，因此多段的直播视频剪辑还是需要在PC上进行。

PC视频后期编辑常用的剪辑软件有Premiere Pro、After Effects、会声会影和爱剪辑等。本节以Premiere Pro为例，介绍PC视频后期编辑的方法。

5.5.1 Premiere 简介

Premiere Pro（后文简称为"Premiere"）是由 Adobe 公司基于 mac OS 和 Windows 操作系统开发的一款非线性剪辑软件，被广泛应用于电视节目制作、广告制作和电影制作等领域。

Premiere 拥有强大的视频编辑能力和灵活性，易操作且高效，可以充分发挥使用者的创造能力，并给予使用者极大的创作自由度。初学者在启动 Premiere 之后，可能会对操作界面或面板感到束手无策。本小节将对其操作界面、工作区进行详细的讲解。

1. 操作界面

Premiere 的操作界面主要由标题栏、菜单栏及工作区构成，如图 5-37 所示。

图5-37

标题栏和菜单栏在界面的最上方，标题栏显示 Premiere 的版本及项目文件存储的具体路径。Premiere 的操作都可以通过选择菜单栏中的选项来实现。菜单栏主要由"文件""编辑""剪辑""序列""标记""图形""窗口""帮助"组成。Premiere 所有的操作命令都包含在这些菜单及其子菜单中。

2. Premiere 的工作区

在 Premiere 中，各个窗口和面板的组合称为工作区布局。用户可以根据项目需要选择软件内置的不同的工作区布局。

Premiere 默认的工作区为"编辑"工作区，整个工作区的布局如图 5-38 所示。

图5-38

"编辑"工作区布局包含项目面板、工具面板、时间轴面板、节目面板、控制面板组（"源""效果控件""音频剪辑混合器"面板等）及主音频仪表面板。

在 Premiere 工作区中点击某个面板，面板就会显示蓝色高亮的边框，表示当前面板处于活动状态。当显示多个面板时，只会有一个面板处于活动状态。

下面我们来介绍一下"编辑"工作区中各个面板的主要功能。

● 项目面板

项目面板主要用于导入、存放和管理素材，素材类型可以是视频、音频、图片等。

点击项目面板左下方的【图标视图】按钮，切换到图标视图，可以预览素材信息，如图5-39所示。

图5-39

素材箱与文件夹类似，可以将一个素材箱放到另一个素材箱中，以方便对素材进行高级管理。点击项目面板右下方的【新建素材箱】按钮，即可新建一个素材箱；点击项目面板右下方的【新建项】按钮，根据弹出的菜单可以创建"序列""调整图层""黑场视频""字幕""颜色遮罩""透明视频"等，如图 5-40 所示。

图5-40

● 工具面板

工具面板是 Premiere "剪辑"工作区的重要组成部分，如图 5-41 所示。选中工具面板中的某个工具即可使用相应的编辑功能。

① 选择工具：该工具用于选择时间轴上的素材，按住【Shift】键的同时选择素材可以进行多选。

② 向前选择轨道工具：该工具可用来选择目标文件右侧同轨道上的所有素材文件。当"时间轴"面板中素材文件过多时，使用该种工具选择文件更加方便快捷。注意，该按钮右下角有一个小三角，表示其有隐藏功能，按住【Alt】键的同时点击该按钮即可切换至其他工具（向后选择轨道工具）。

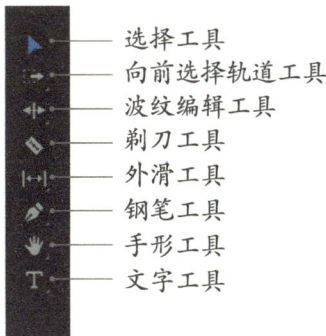

选择工具
向前选择轨道工具
波纹编辑工具
剃刀工具
外滑工具
钢笔工具
手形工具
文字工具

图5-41

③ 波纹编辑工具：选择该工具，可以调节素材的长度。将素材的长度缩短或拉长时，该素材后方的所有素材会自动跟进。按住【Alt】键的同时点击该按钮，可以切换到滚动编辑工具和比率拉伸工具。

④ 剃刀工具：选择该工具，在素材片段上点击，可以将素材片段切割成两部分。按住【Shift】键的同时可以裁剪多个轨道中的素材。

⑤ 外滑工具：选择该工具，按住鼠标左键，拖曳时间轴轨道上的某个片段，可以同时改变该片段的出点和入点，而片段长度不变，前提是出点后和入点前有必要的余量可供调节使用。同时，相邻片段的出入点及影片长度不变。内滑工具和外滑工具正好相反。

⑥ 钢笔工具：该工具用于调节关键节点。调节这些关键节点以满足影片的编辑需求。

⑦ 手形工具：选择该工具，按住鼠标左键，在时间轴轨道中拖曳，可以进行平移，方便用户查看时间轴上的素材内容。

⑧ 文字工具：该工具用于为视频添加文字内容。

● **时间轴面板**

在视频剪辑过程中，大部分的工作都是在时间轴面板中完成的。剪辑轨道分为视频轨道和音频轨道，视频轨道的表示方式是 V1、V2、V3 等，音频轨道的表示方式是 A1、A2、A3 等。如果用户需要添加多轨视频，可以在轨道的空白处点击鼠标右键，在弹出的快捷菜单中选择【添加轨道】选项，在弹出的【添加轨道】对话框中设置添加轨道的数量，如图 5-42 所示。音频轨道的添加方式与视频轨道的添加方式相同，当音频轨道中有多条音频时，声音将同时播放 。

图5-42

● **节目面板**

节目面板主要用来预览时间轴面板中正在编辑的素材，也是最终输出视频效果的预览窗口。该面板左上角显示当前序列的名称，通过点击面板下方工具栏中的按钮可以对视频素材执行相关操作，如标记入点、标记出点、转到入点、后退一帧、播放 / 停止、前进一帧、转到出点、插入、覆盖、导出帧等，如图 5-43 所示。

图5-43

|5.5.2| 导入视频素材

在 Premiere 中剪辑直播视频，包括新建项目并导入视频素材、视频素材的修剪与调整、视频调速、为视频添加视频效果、为视频添加转场效果、为视频添加字幕、为视频添加音频，以及导出视频文件等步骤。

首次启动 Premiere 时，会进入【开始】界面。如果之前曾经打开过 Premiere 项目，则【开始】界面的中间会显示一个列表，显示之前打开过的项目文件，如图 5-44 所示。

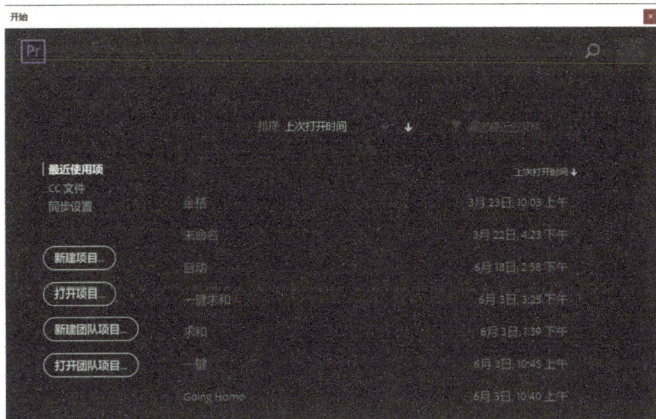

图5-44

如果想要打开之前打开过的项目，用户只需要在列表中点击项目名称即可。当然，通过【开始】界面左侧的按钮，也可以打开存储在本地的项目，或者云同步的项目。下面主要介绍如何新建项目、导入视频素材、创建序列等内容。

● **新建项目**

在【开始】界面中点击【新建项目】按钮，如图 5-45 所示。

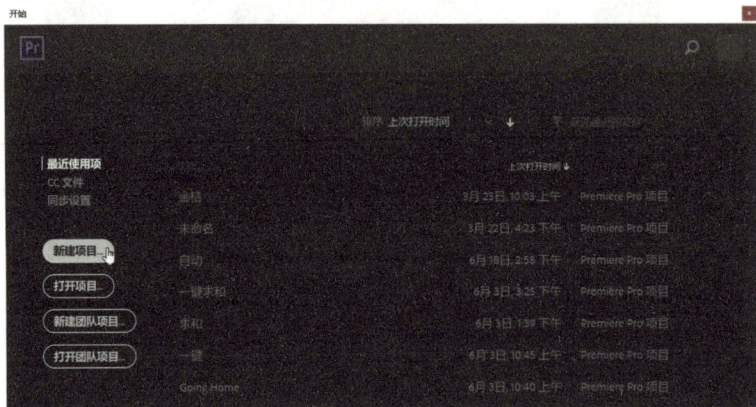

图5-45

弹出【新建项目】对话框，在【名称】文本框中输入"儿童拖鞋"，点击【位置】文本框右侧的【浏览】按钮，设置项目的保存位置，其余选项保持默认设置，点击【确定】按钮，如图 5-46 所示。

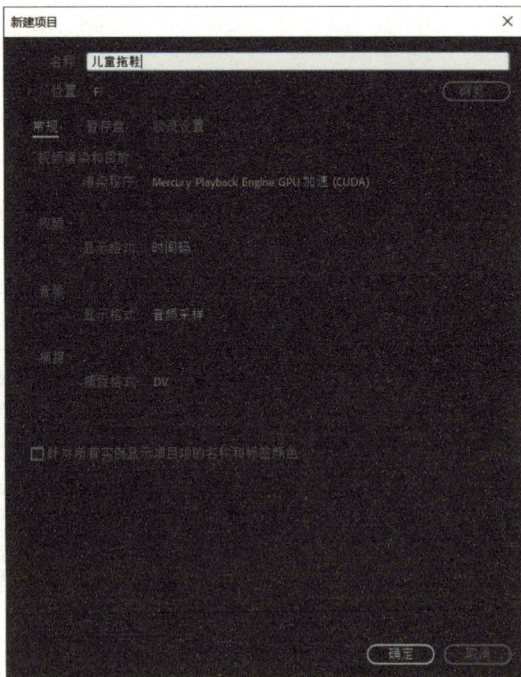

图5-46

● **导入视频素材**

通常只有导入项目的素材才能在视频剪辑或制作的过程中使用，素材类型可以是视频、图片或音频等。导入视频素材的具体操作如下。

在【项目】面板的空白处双击或在右键快捷菜单中选择【导入】选项，如图5-47所示。

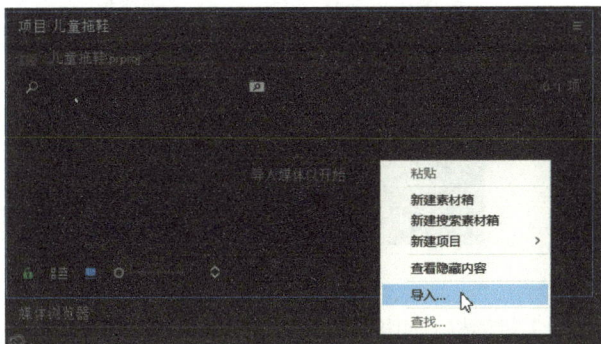

图5-47

弹出【导入】对话框，选中需要导入的素材文件，点击【打开】按钮，如图5-48所示。

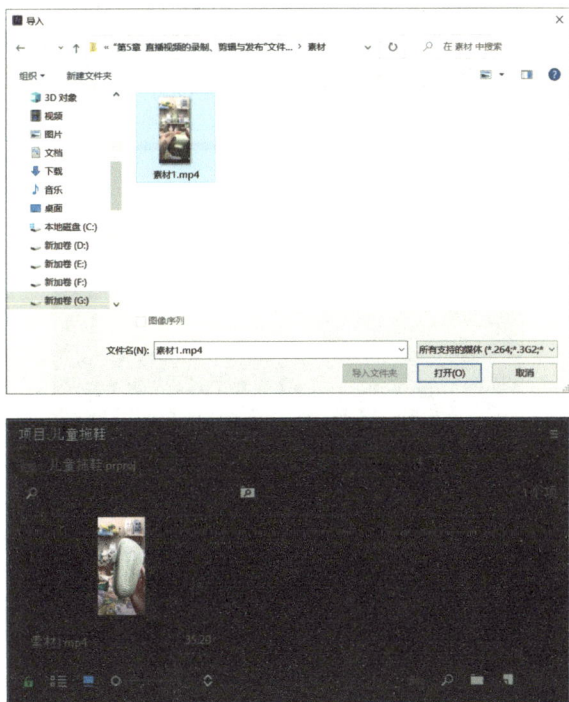

图5-48

● **创建序列**

在剪辑前，需要先创建序列。序列相当于一个容器，添加到序列内的所有视频会形成一段连续播放的视频。创建序列的具体操作如下。

点击【项目】面板右下角的【新建项】按钮，在弹出的菜单中选择【序列】选项，如图 5-49 所示。

图5-49

弹出【新建序列】对话框，如果用户不确定序列设置的具体内容，可以不做任何设置，直接点击【确定】按钮，新建一个序列，如图 5-50 所示。成功创建序列后的效果如图 5-51 所示。

图5-50

图5-51

　　但是需要注意的是，新建的序列设置可能与导入的视频素材不匹配，此时，将视频素材拖到时间轴面板中时，系统会弹出一个【剪辑不匹配警告】提示框，如图 5-52 所示，点击【更改序列设置】按钮，即可更改序列设置使其与导入的视频素材相匹配，效果如图 5-53 所示。

图5-52

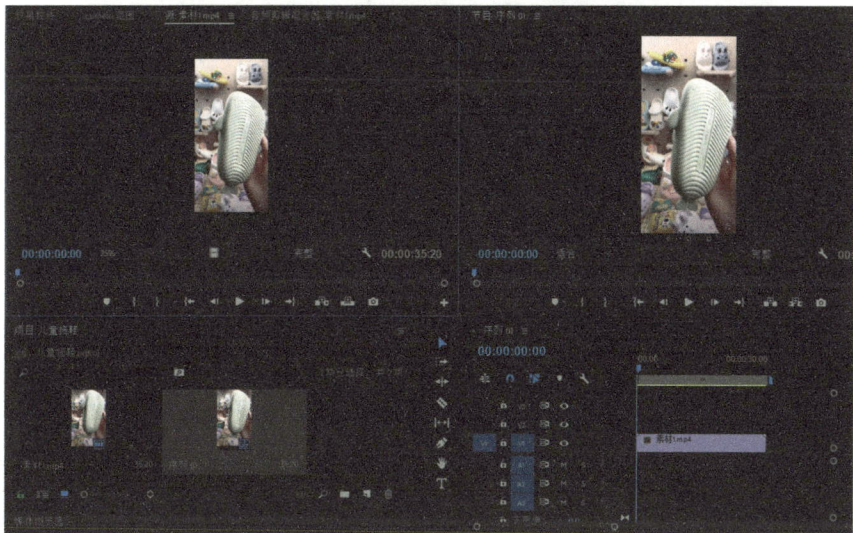

图5-53

　　如果新建序列设置有明确要求，则可以在新建序列时，直接在【序列预设】选项卡中选择一个合适的序列。如果【序列预设】中没有需要的设置，则可以根据需要，切换到【设置】选项卡，自定义序列，如图 5-54 所示。

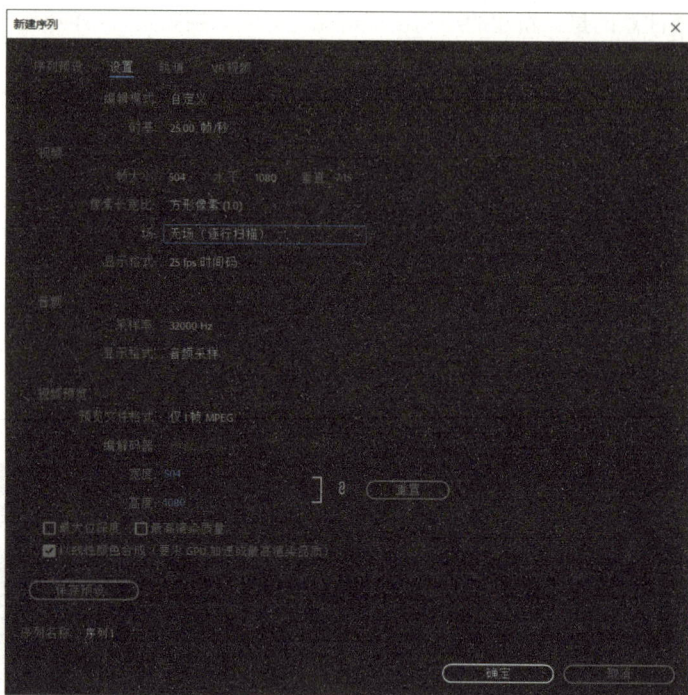

图5-54

如果用户新建的序列设置与现有视频不匹配，而用户又需要使用新建的序列设置，那么应在【剪辑不匹配警告】提示框中，点击【保持现有设置】按钮，系统会根据现有设置对视频进行缩放处理，效果如图 5-55 所示。

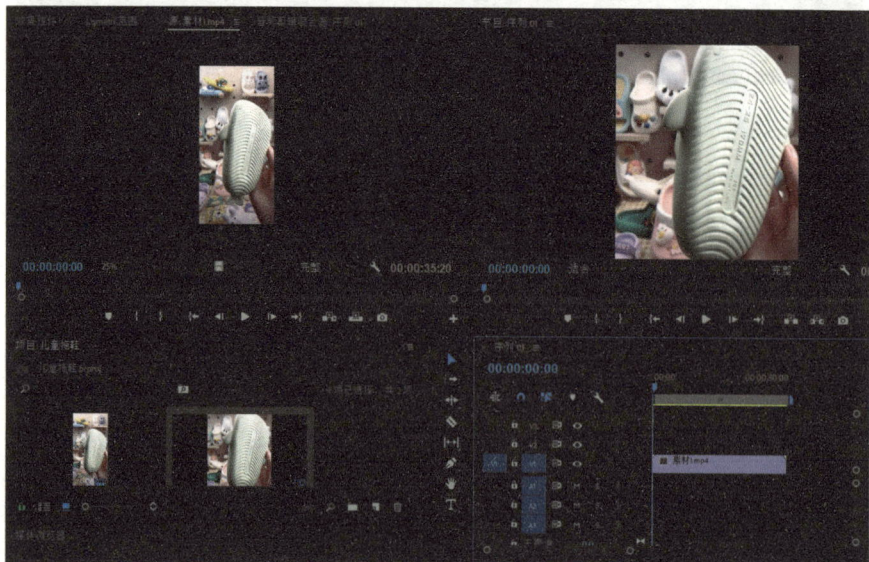

图5-55

|5.5.3| 视频片段的修剪与调整

对视频素材进行修剪与调整主要有两种方法：一种是通过修剪工具进行调整，如剃刀工具；另一种是在将视频素材添加到时间轴上之前，通过入点和出点选择需要的视频片段。下面介绍上述两种方法的具体操作。

1. 使用修剪工具

使用工具面板中的修剪工具进行修剪，就是将视频素材拖至时间轴面板中后，在时间轴面板中对视频素材进行修剪。

将【项目】面板中的"素材1"拖至时间轴面板中，按空格键开始播放，并在【节目】面板中预览视频，当播放到要裁剪的位置时，按空格键停止播放，点击【工具】面板中的【剃刀工具】按钮，在时间线处点击即可进行裁剪，如图5-56所示。

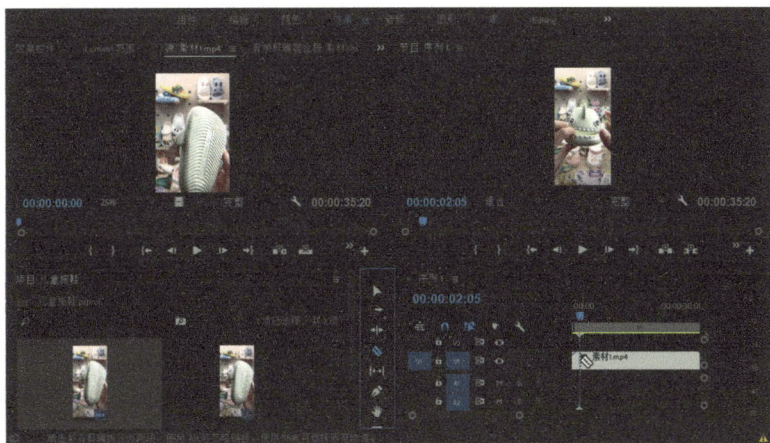

图5-56

使用剃刀工具分割视频素材之后，点击【工具】面板中的【选择工具】按钮，选中不需要的视频片段，按【Delete】键删除，如图5-57所示。

图5-57

如果所删除视频片段前后都有视频，那么删除视频片段后，前后两段视频之间会有间隙，选中间隙，再按一次【Delete】键即可删除，如图5-58所示。

图5-58

如果不想出现间隙，在选中视频片段后，直接点击鼠标右键，在弹出的快捷菜单中选择【波纹删除】选项即可，如图5-59所示。

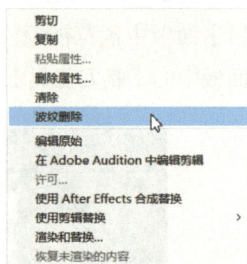

图5-59

2. 标记入点和出点

视频剪辑人员除了可以在时间轴面板中对视频素材进行修剪外，还可以在【源】面板中对视频素材进行修剪，修剪完成后，再将其添加到时间轴上。

在【项目】面板中双击"素材1"，在【源】面板中预览该素材，如图5-60所示。

图5-60

双击播放指示器位置的时间，使其进入编辑状态，将其修改为合适的时间，此处修改为 01:24，并标记入点，如图 5-61 所示。

图5-61

按照相同的方法，设置播放指示器位置的时间为 30:22，并标记出点，如图 5-62 所示。

图5-62

设置完出入点之后，拖动【仅拖动视频】按钮到时间轴面板中，这样入点和出点之间的视频就被添加到时间轴面板中了，如图 5-63 所示。

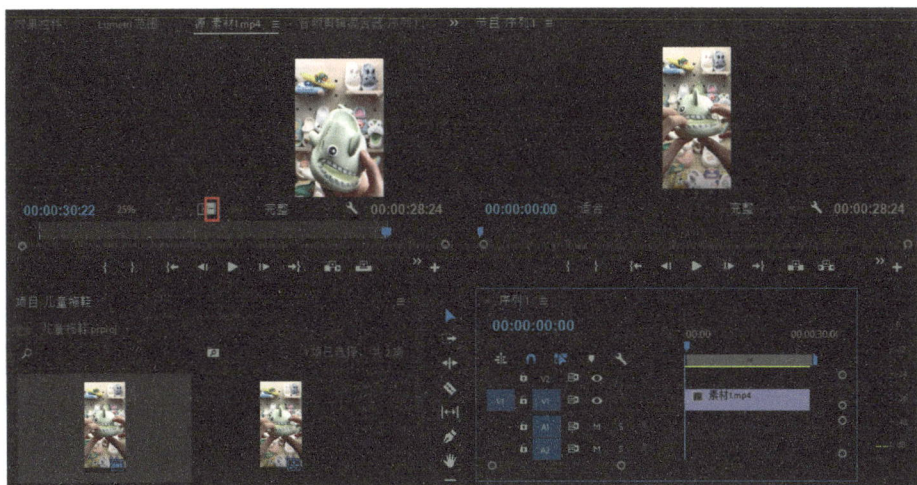

图5-63

|5.5.4| 视频调速

在剪辑视频时，经常需要对视频进行调速（加速或减速）处理，主要方法有两种：使用对话框和使用比率拉伸工具。具体操作方法如下。

1. 使用对话框

在时间轴面板中选中需要调速的视频素材，点击鼠标右键，在弹出的快捷菜单中选择【速度/持续时间】选项，如图 5-64 所示。

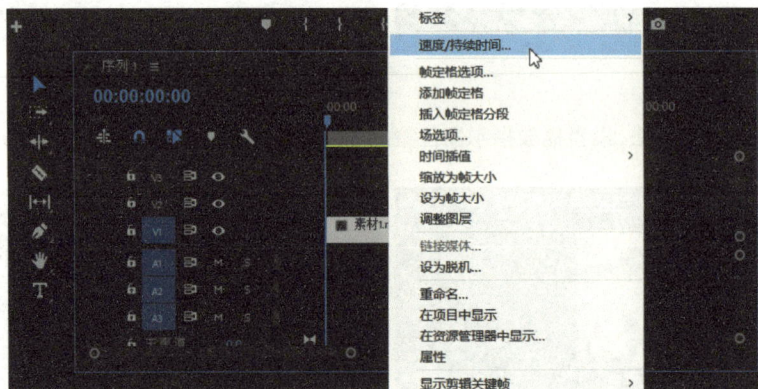

图5-64

弹出【剪辑速度/持续时间】对话框，可以看到选中视频素材的【速度】默认数值为 100%，【持续时间】为 28:24，如图 5-65 所示。如果想将速度调快，那么就要将速度值调大，如果想将速度调慢，则要将速度值调小。此处将【速度】调整为 120%，可以看到视频时长变短了，变为 24:03，点击【确定】按钮，如图 5-66 所示。

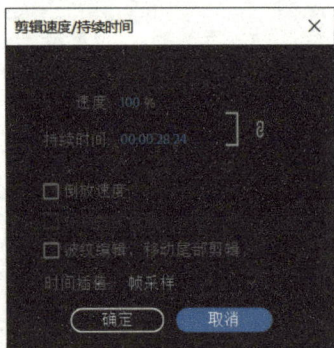

图5-65

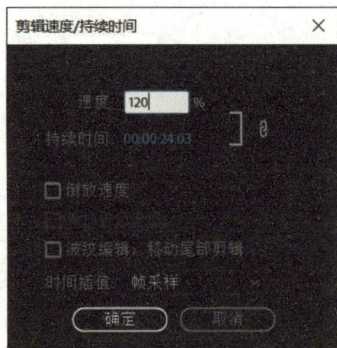

图5-66

设置完成后，在【节目】面板中即可预览调速后的视频。当前视频时间缩短后，其后面的视频不会自动前移，两段视频之间会出现一段空白。用户需要手动选中空白，按【Delete】键删除。

使用【剪辑速度/持续时间】对话框来调整视频速度的优点是可以设置精确的数值，缺点是调速后的视频效果只能在设置完成后观看，不能边调整边观看。

2. 使用比率拉伸工具

按住【Alt】键的同时点击工具面板中的【波纹编辑工具】按钮，切换到【比率拉伸工具】，如图 5-67 所示。

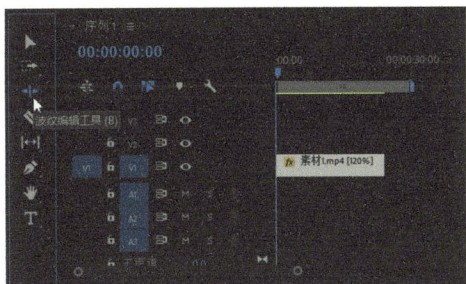

图5-67

选中时间轴面板中需要调速的视频素材，将鼠标指针定位到该视频素材的右侧结尾处，如图 5-68 所示。

图5-68

按住鼠标左键，向左拖动，视频持续时间变短，可加速播放；向右拖动，视频持续时间变长，可减速播放。此处，我们选择按住鼠标左键向右拖动，该视频时长由 24:03 变为 26:13，减速播放，如图 5-69 所示。

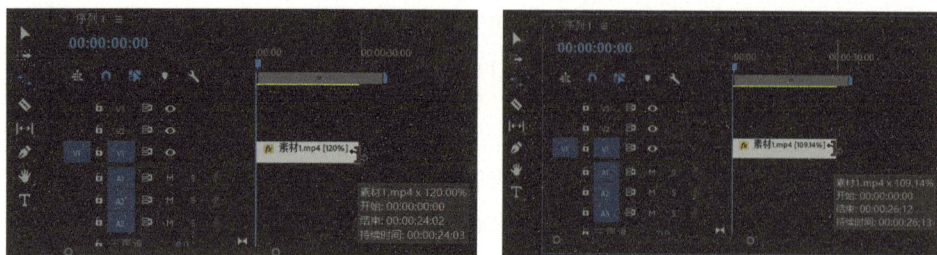

图5-69

使用【比率拉伸工具】来调整视频速度，可以随时预览视频调速效果，在不需要设置精确倍数的情况下，该方法更方便快捷。

|5.5.5| 为视频添加视频效果

在剪辑视频时，为了丰富视频的表现形式，可以添加视频效果，如放大、模糊等。视频效果位于【效果】面板中，视频剪辑人员在【效果控件】面板中调整参数。下面以为视频添加放大效果为例进行介绍。

通过剃刀工具将需要添加放大效果的视频片段截取出来，如图 5-70 所示。

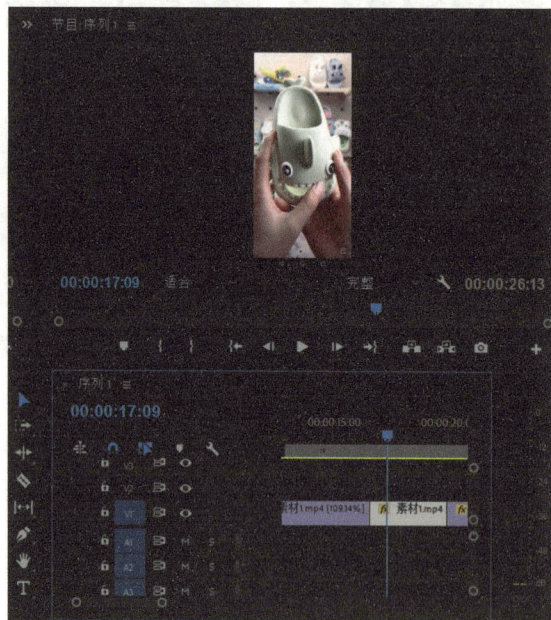

图5-70

切换到【效果】选项卡，打开【效果】面板，选择【视频效果】→【扭曲】→【放大】选项，按住鼠标左键不放，将其拖到需要应用该效果的位于时间轴的视频片段上，如图 5-71 所示。

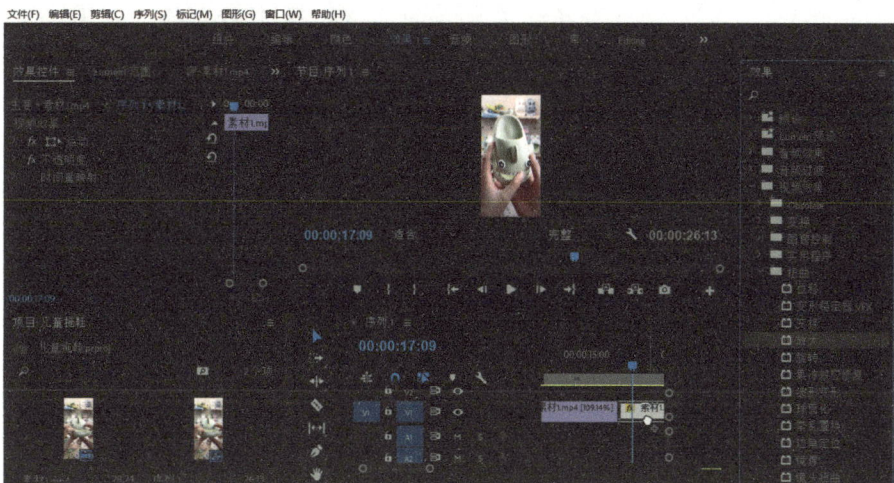

图5-71

释放鼠标左键后，在时间轴上，将时间指针移动到添加了放大效果的视频片段中，在【节目】面板中就可以看到一个放大效果，如图 5-72 所示。

如果对放大效果的默认位置和大小不满意，还可以通过【效果控件】面板进行调整，如放大效果的形状、位置、放大率、大小等，如图 5-73 所示。

图5-72

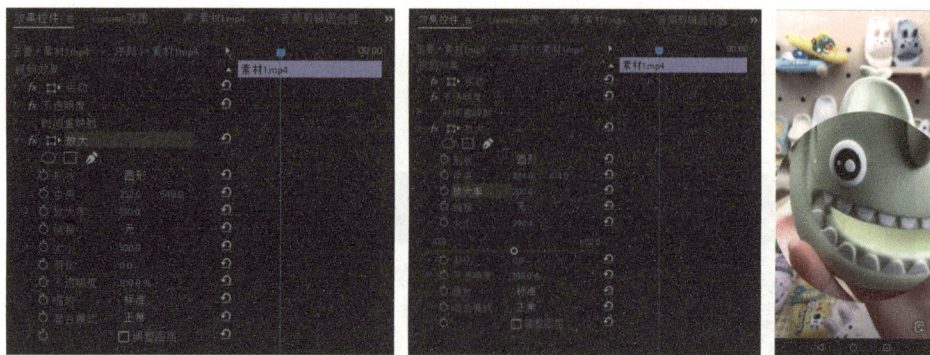

图5-73

5.5.6 为视频添加转场效果

在剪辑视频时，经常需要将多个不同镜头或不同内容的视频拼接在一起，为了使两段视频之间的过渡更加自然，通常需要添加转场。视频转场，也称视频过渡或视频切换，用于在不同的镜头之间形成动画，使镜头之间的切换更具创意。下面介绍添加转场效果的具体操作。

在"儿童拖鞋"项目中导入一个新的视频片段"素材2"，然后将其拖曳到时间轴上"素材1"的后面，如图5-74所示。

图5-74

切换到【效果】选项卡，打开【效果】面板，在【视频过渡】组中选择一种合适的过渡效果，例如选择【擦除】→【水波块】选项，按住鼠标左键不放，将其拖曳到"素材1"和"素材2"的交接处，释放鼠标左键，即可为两段视频添加一个过渡效果，如图5-75所示。

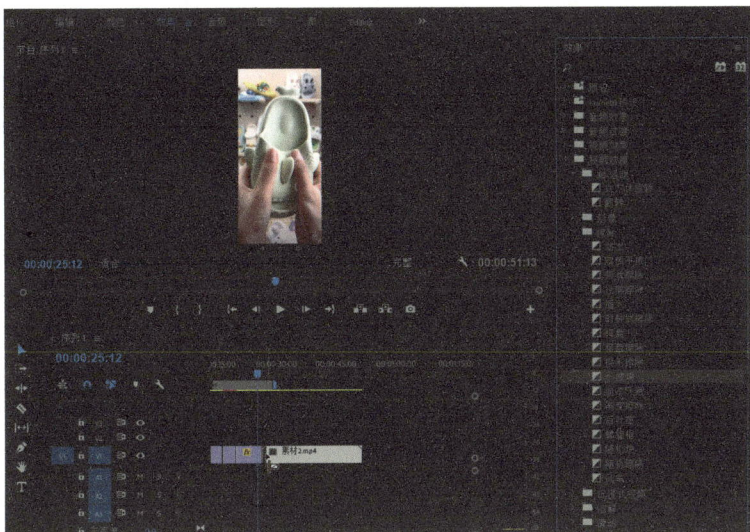

图5-75

|5.5.7| 为视频添加字幕

使用 Premiere 中的文字工具可以很方便地为视频添加字幕，并设置文本格式，然后为字幕制作开场和结尾动画，具体操作方法如下。

在时间轴面板中将时间指针定位到要添加字幕的位置，点击【工具】面板中的【文字】按钮，然后在【节目】面板中需要添加字幕的位置点击，会出现一个红色的文本框，直接在里面输入需要的文字即可，此处输入"这款儿童拖鞋造型是个小鲨鱼，十分可爱"，如图 5-76 所示。

图5-76

此时输入的文字字数较多，文字超出了视频范围，可以在工具栏中点击【选择工具】按钮，将鼠标指针移动到文本框的右下角，按住鼠标左键进行拖曳，调整文本框大小，如图 5-77 所示。

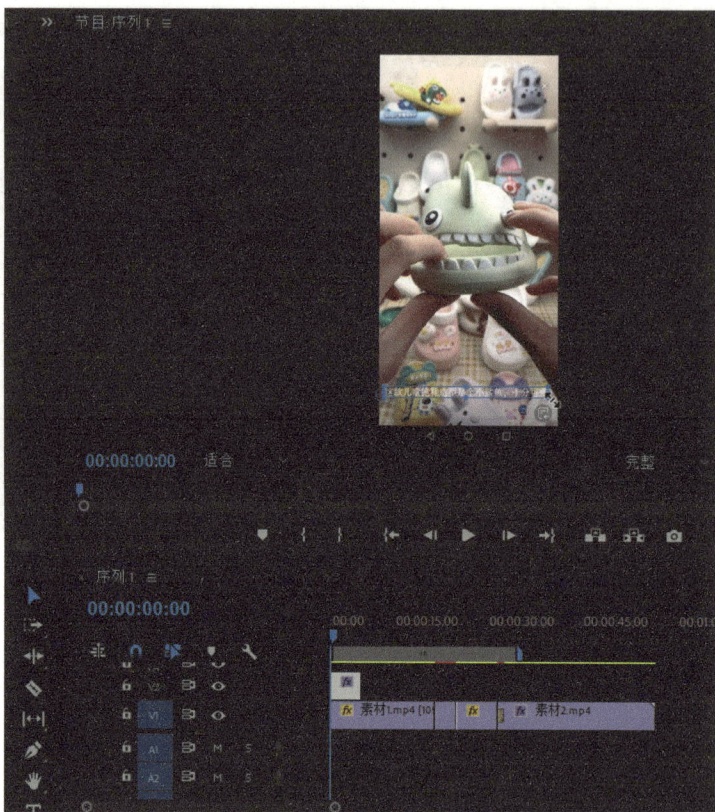

图5-77

在时间轴面板中选中字幕条，打开【效果控件】面板，设置文字的字体样式、大小、对齐方式、字距、填充色、描边颜色及描边宽度等，设置与效果如图5-78所示。

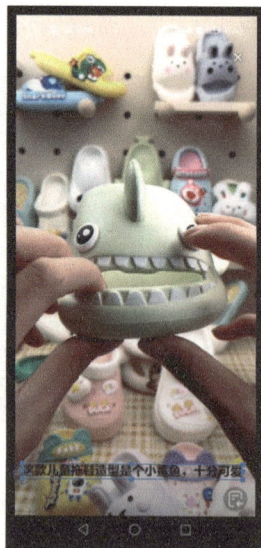

图5-78

　　时间轴面板中字幕条的默认长度不合适，如图 5-79 所示。可以将鼠标指针移动到字幕条的右侧，按住鼠标左键向右拖动，使字幕条的长度与"素材 1"的长度相等。

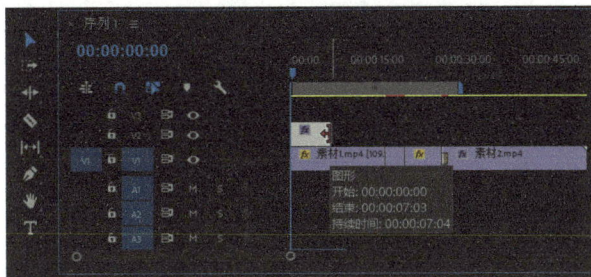

图5-79

5.5.8 为视频添加音频

　　声音是直播视频切片中不可或缺的一部分。在编辑直播视频切片时，视频剪辑人员要根据画面表现的需要，通过背景音乐、音效等手段来增强直播视频切片的表现力。Premiere 提供了强大的音频编辑工具，利用它们可以在直播视频切片中添加与编辑音频。具体操作方法如下。

　　在 Premiere 中导入音频文件的方法与导入视频文件的方法是一样的，可以选择【文件】→【导入】选项，打开【导入】对话框，也可以直接按【Ctrl+I】组合键打开【导入】对话框。然后选择需要的音频文件，点击【打开】按钮，如图 5-80 所示。

图5-80

　　选中的音频文件将导入素材库，在素材库中选中音频文件，按住鼠标左键不放，将其拖曳到时间轴上，如图 5-81 所示。

图5-81

将音频文件添加到时间轴上后，可以看到音频文件比视频文件长，可以使用剃刀工具将音频文件分成两段，然后将多余的音频片段删除，如图 5-82 所示。

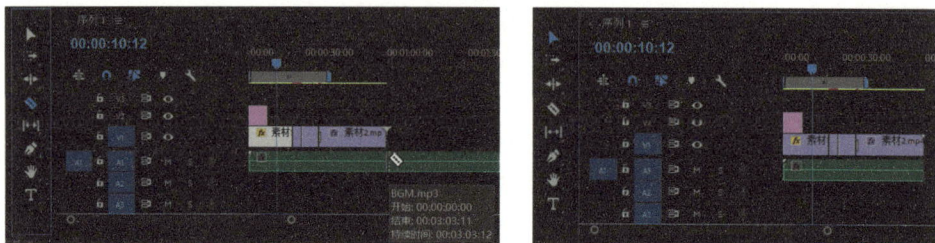

图5-82

如果原视频中自带背景声音，而直播视频切片中需要将其删除的话，可以选中视频片段，点击鼠标右键，在弹出的快捷菜单中选择【取消链接】选项，如图 5-83 所示，然后选中音频，按【Delete】键删除即可。

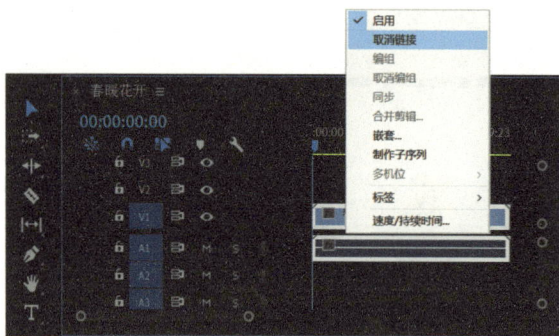

图5-83

|5.5.9| 导出视频文件

在 Premiere 中完成视频剪辑操作后，可以快速导出视频文件。在导出视频文件前，可以设置视频的格式、比特率、文件名、保存位置等参数，具体操作方法如下。

点击【文件】菜单，在下拉菜单中选择【导出】→【媒体】选项，如图 5-84 所示，或直接按【Ctrl + M】组合键。

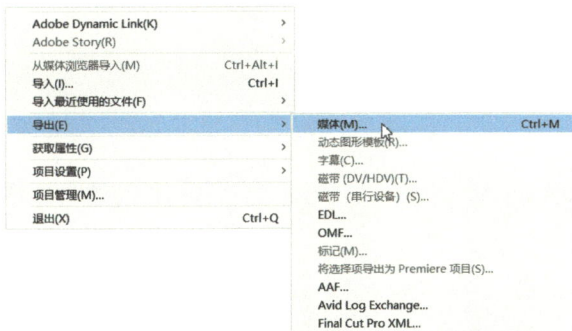

图5-84

打开【导出设置】对话框，在【格式】下拉列表框中选择【H.264】选项（即 MP4 格式），点击【输出名称】右侧的文件名链接，如图 5-85 所示。

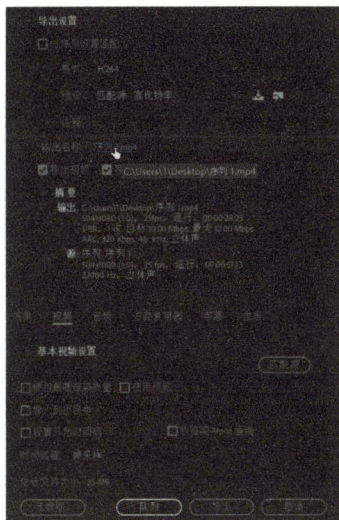

图5-85

在弹出的【另存为】对话框中选择保存位置，在【文件名】文本框中输入文件名，点击【保存】按钮，如图 5-86 所示。返回【导出设置】对话框，点击【导出】按钮，即可导出视频。

图5-86

第 **6** 章

直播复盘数据分析

6.1　数据分析的基本流程

　　直播数据分析是直播运营的核心，直播团队要想优化直播运营效果，提高直播营销的转化率，就需要对直播数据进行有效分析，从而获得有价值的洞察。直播数据分析的基本思路如图 6-1 所示。

图6-1

|6.1.1| 确定数据分析的目标

　　进行直播数据分析时，首先要明确数据分析的目标。数据分析的目标如图 6-2 所示。

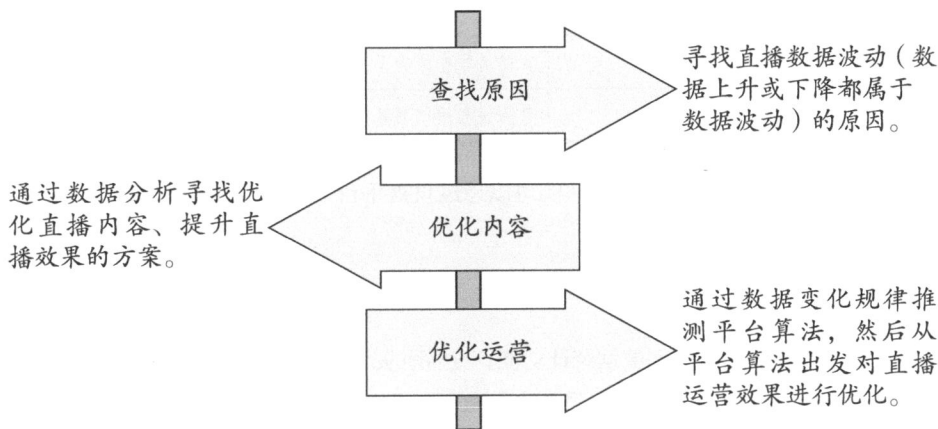

图6-2

|6.1.2| 获取数据

　　直播团队需要统计的直播数据主要包括直播次数、直播日期、直播时间段、直播时长、用户观看次数、用户观看时长、粉丝回访、新增粉丝数、最高在线人数、商品点击次数、订单笔数、成交总额。各项数据的含义如表 6-1 所示。

表6-1

数据	含义
直播次数	一个时间段内的开播次数
直播日期	每场直播开始的日期
直播时间段	一场直播开始和结束的时间点
直播时长	一场直播持续的时间长度
用户观看次数	用户总的观看次数
用户观看时长	用户总的观看时长
粉丝回访	进入直播间的粉丝人数
新增粉丝数	直播过程中增加的粉丝人数
最高在线人数	一场直播中同时观看直播的最多人数
商品点击次数	进入直播间的用户点击商品的次数
订单笔数	直播过程中成功下单的订单笔数
成交总额	直播过程中的商品交易总额

对于上表中的数据，直播团队既可以通过直播平台的后台采集，也可以通过第三方平台获得。

1. 直播平台的后台

直播平台通常都有直播数据统计功能，直播团队可以通过其获取直播数据。例如，直播团队可以通过淘宝直播中控平台或者淘宝主播 App 来获取直播数据（实际页面可能与本书所示有所差异）。

● 淘宝直播中控平台

通过淘宝账号在 PC 登录淘宝直播中控平台，在左侧导航窗格中选择【直播】→【直播管理】选项，然后在列表中选择某场直播，单击【数据详情】按钮，如图 6-3 所示。

图6-3

进入相应直播的数据详情分析页面，如图 6-4 所示。在其中可以看到直播成交金额、观看次数、观看人数、商品点击率、成交转化率等数据。

图6-4

● 淘宝主播 App

除了可以在 PC 查看直播数据外，还可以在淘宝主播 App 上查看直播数据。登录淘宝主播 App 后，在首页的【全部工具】组中点击【我的直播】按钮，打开【直播列表】页面，点击某场直播下方的 ∨ 按钮，即可进入相应直播的数据分析页面查看直播数据，如图 6-5 所示。

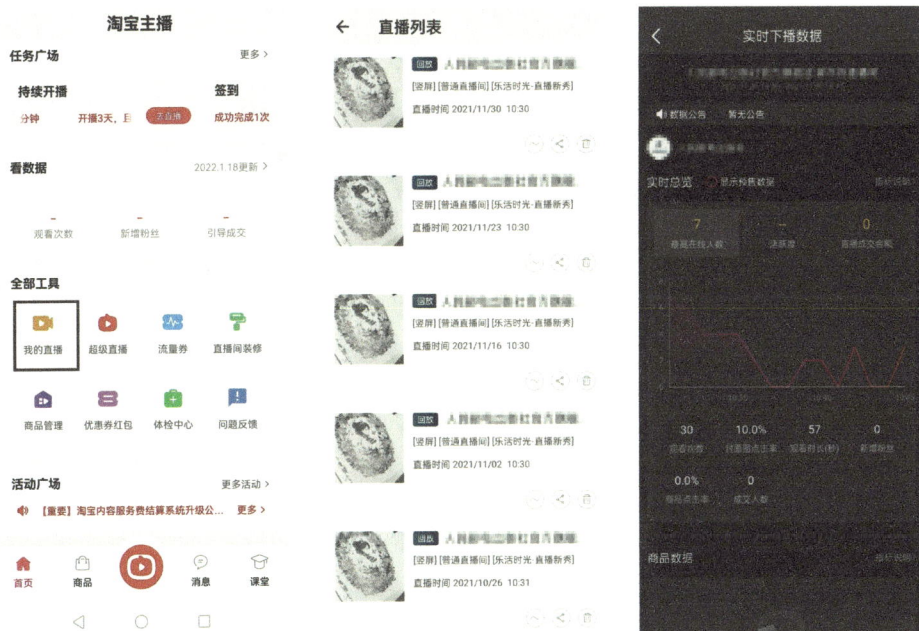

图6-5

2. 通过第三方平台获得数据

为了更好地分析直播数据，还可以使用第三方平台数据分析工具，如抖音直播就可以使用"灰豚数据"进行数据分析。

"灰豚数据"提供了数据大盘、直播间分析、商品分析等功能，如图6-6所示。

● 流量大盘数据

数据大盘中的流量大盘支持查看全网流量数据，直播团队可通过数据大盘了解近期抖音直播的情况，如图6-7所示。直播团队可以实时查看汇总抖音直播数据，还可以根据留存与流量等级进行大盘划分，查看不同层级中具体的账号数量与流量情况，帮助商家快速对标同水平的优质直播间并进行学习。

图6-6

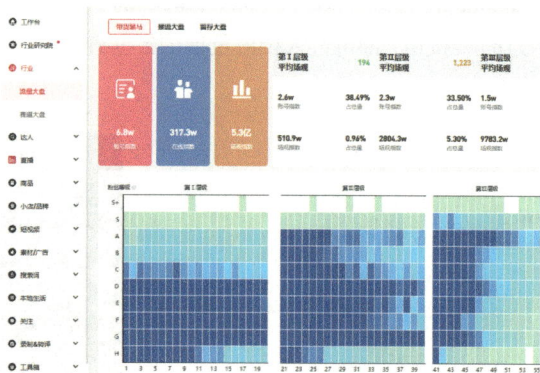

图6-7

● 直播间的整体效果数据

通过流量大盘选择账号，可以查看直播间整体流量、等级和留存情况。图6-8所示为某直播账号单场直播的效果数据。

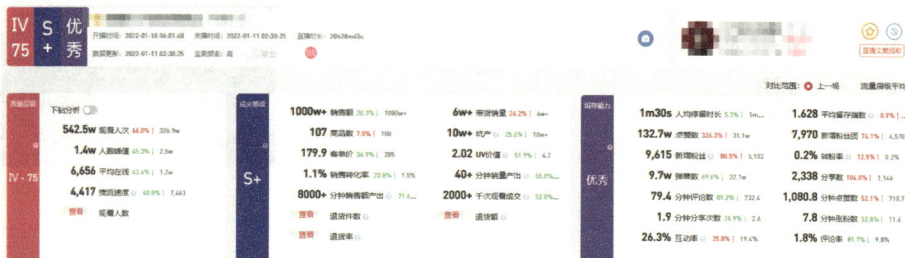

图6-8

● **直播间人气、成交和互动指标实时变化数据**

通过流量大盘选择账号，可以查看直播账号的实时变化信息，如图 6-9 所示，即实时监测直播间的在线人数、进场人数、销售额等，多维度监测直播间情况。

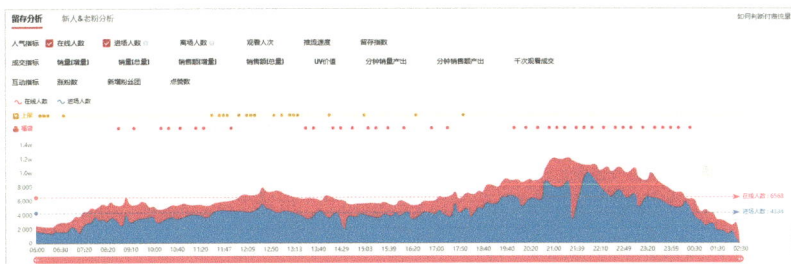

图6-9

● **主播数据**

通过直播分析功能，可以查看实时直播榜、历史直播榜等，如图 6-10 所示，在这些榜单中可以查看不同品类主播（播主）的销量和销售额情况，便于品牌方快速寻找合适的主播。

图6-10

● **播主详情数据**

通过抖音号查找功能，可以查看"达人"排行榜。点击选择某播主，即可进入播主详情页，查看播主的详情数据，如图 6-11 所示。

图6-11

● 粉丝数据

在播主详情页面中，还可以获取粉丝数据，这样不仅可以查看粉丝列表画像，方便其了解粉丝特性，还可以查看直播观众画像，方便直播团队更好地进行直播策划，如图 6-12 所示。

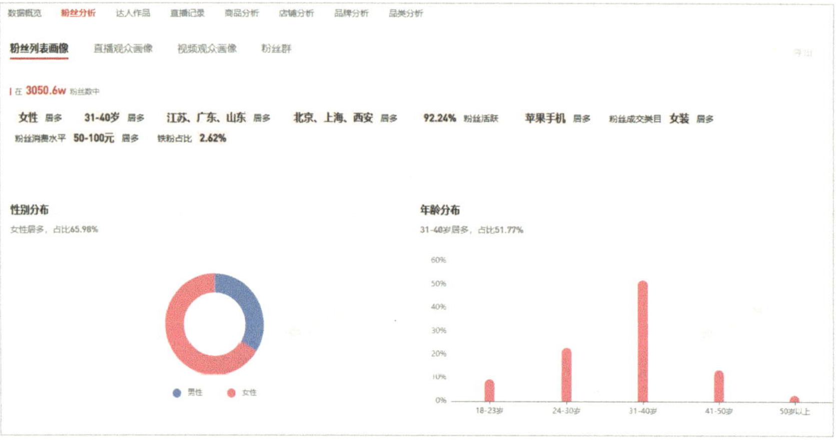

图6-12

● 商品数据

在商品分析的直播商品榜中可查看每日、每周的各行业爆款商品，并且可以按照销售额、销量、价格、佣金比例等指标进行排序，方便商家选品以及观察竞品数据变化，如图 6-13 所示。

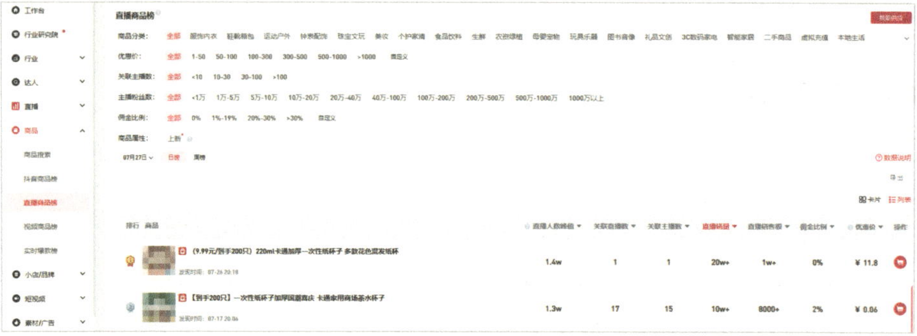

图6-13

● 商品详情数据

在直播商品榜单中选择商品，打开商品详情页，可以查看近 90 天的抖音销量、直播销量、直播销售额价格等。这里还显示直播带货达人的信息，包括直播间最低价、直播销量以及直播销售额以及带货视频内容与对应的播主信息，并根据商品数据分析查看具体合作的达人有哪些，如图 6-14 所示。

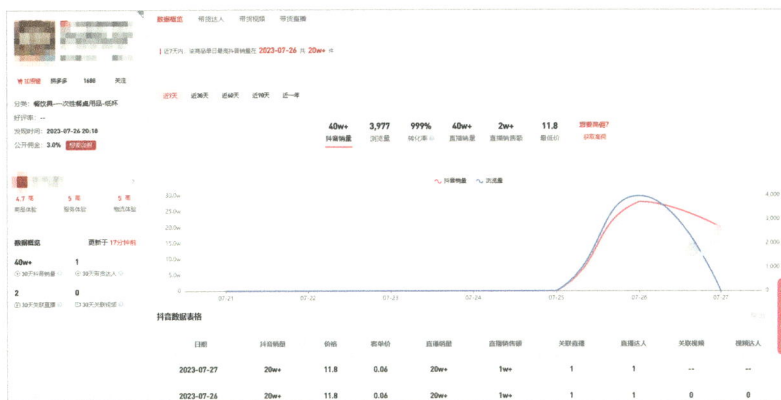

图6-14

数据分析是直播营销与运营的重要工作之一。直播团队可以通过自身数据平台和第三方数据平台获取数据，然后根据数据在短时间内分析、预测用户的需求，在激烈的直播营销竞争中快速、精准地抓住用户的注意力，提升其购买欲，从而构建自己的核心竞争力。

6.1.3 处理数据

处理数据是指对采集的数据进行核对修正、整理加工，以方便后续对数据进行分析。直播数据的处理主要包括核对修正和统计计算两方面的工作，如图 6-15 所示。

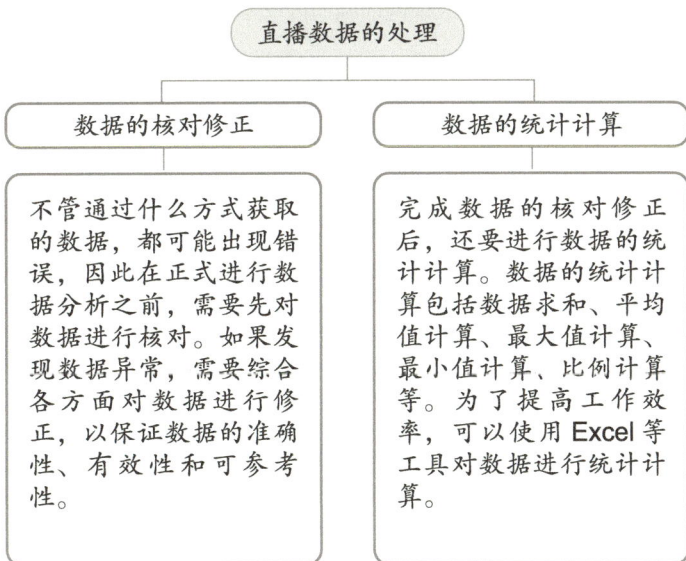

图6-15

|6.1.4| 分析数据

直播团队对收集到的数据完成核对修正及基本的统计计算后，就可以对数据进行分析了。直播团队在对直播数据进行分析时，最常用的分析方法有对比分析法和特殊事件分析法。

1. 对比分析法

对比分析法是指对比多个数据，找出数据之间的差异，从而揭示数据背后隐藏的问题。对比分析又可以细分为同比分析、环比分析和定基比分析，如图6-16所示。

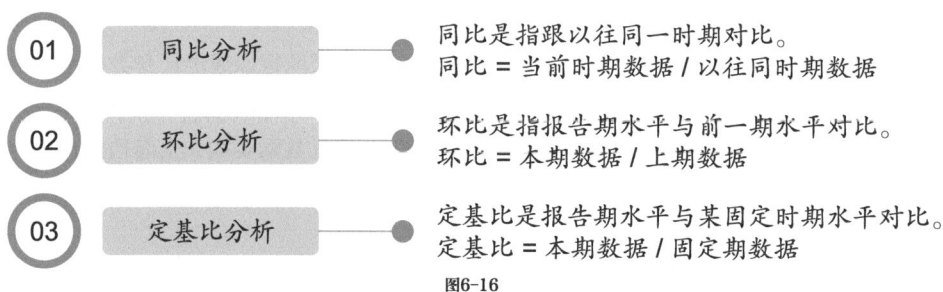

01 | 同比分析 | ● 同比是指跟以往同一时期对比。
同比 = 当前时期数据 / 以往同时期数据

02 | 环比分析 | ● 环比是指报告期水平与前一期水平对比。
环比 = 本期数据 / 上期数据

03 | 定基比分析 | ● 定基比是报告期水平与某固定时期水平对比。
定基比 = 本期数据 / 固定期数据

图6-16

直播团队通过对比分析法可以找出异常数据。这里需要注意的是，异常数据不是指错的或表现差的数据，而是指偏离平均线较远的数据。例如，某主播每天增加粉丝数量长期维持在 50~100 个，某天突然增加到 200 多个，这虽然是个好结果，但也算异常数据。

2. 特殊事件分析法

很多直播数据异常都会与某个特殊事件相关，例如直播平台首页或者频道改版、标签变化、直播封面风格更改等，这就要求运营人员或场控人员在日常做数据记录时要同步记下这些特殊事件，以便直播数据出现异常时，快速找到数据变化与哪个特殊事件相关。

6.2 数据分析指标评估

直播数据分析的评估指标主要有 3 个：人气指标、互动指标和转化指标，如图 6-17 所示。

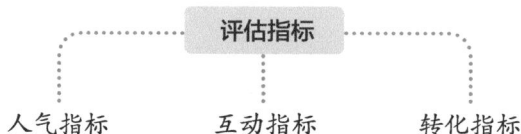

评估指标

人气指标   互动指标   转化指标

图6-17

|6.2.1| 人气指标评估

直播间的人气指标也可以称为流量指标，主要是指直播间的观看次数和最高在线人数，它们反应了直播间的受欢迎程度。

对于直播间的最高在线人数，通常可以从两个维度进行分析：在线人数的变化和在线人数的稳定程度。

1. 在线人数的变化

每场直播在线人数的变化可以直观地反映出直播的内容质量，图 6-18 所示是某场直播的在线人数变化曲线。在线人数的变化曲线会出现波峰和波谷，波峰代表直播间的人气峰值，波谷代表直播间的人气低谷。一般情况下，在线人数的波峰会出现在有引流活动的时间段；而波谷则出现在引流活动结束后，通常是因为直播内容质量不够好，没有留住吸引进来的用户，出现用户大量流失的情况。

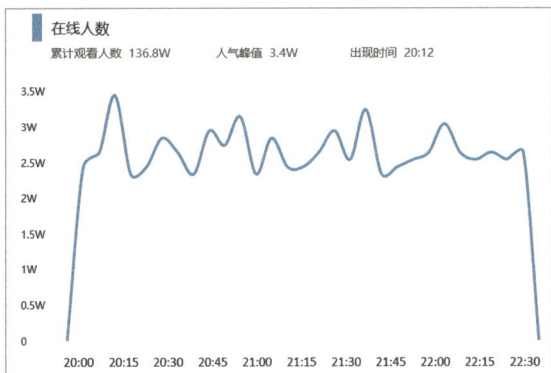

图6-18

2. 在线人数的稳定程度

直播在线人数的稳定程度反映的是用户与直播间之间的黏性。在直播过程中，不断有用户离开直播间，也不断有新用户进入直播间，就会导致在线人数不断变化。如果每场直播的在线人数稳步上涨，就说明直播间既能留住新用户又能吸引老用户，用户黏性较好。

|6.2.2| 互动指标评估

直播间的互动指标主要是指直播间的用户互动行为数据。互动行为主要包括点赞、评论、分享和关注等。直播间互动指标最重要的评估指标之一就是互动率。

互动率是指一场直播中参与互动的用户占直播间用户访问数的比例，也是评估直播间用户活跃程度的核心指标。互动率越高，代表直播间用户对直播内容的参与程度越高，其活跃程度也就越高；相反，互动率越低，代表直播间用户对直播内容的参与程度越低，其活跃程度也越低。如果互动率低，直播团队就需要考虑改进直播的互动玩法，进一步调动直播间用户的积极性，使其尽可能多地参与互动，提高直播间用户的活跃度。

互动率可以从两个维度进行分析：新用户互动率和老用户互动率。

● 新用户互动率

新用户互动是指新用户进入直播间后，对直播的内容产生兴趣，并积极参与其中。新用户的短暂停留可能只是出于好奇，但是能参与互动的新用户，则可以定义为直播间的优质用户。

● 老用户互动率

老用户是指非首次进入直播间的用户。如果老用户除了持续地观看直播间的每一场直播，还能在直播过程中参与互动，那这些老用户就基本可以被认定为直播间的"粉丝"了。通常老用户互动率更能决定直播间的氛围，老用户互动率越高，直播间互动氛围越好，直播间中新用户驻足的概率就越大，进而参与互动的概率也就越大。

如果直播间的老用户互动率较低，直播团队就需要找出不足之处，积极改善直播内容。

|6.2.3| 转化指标评估

直播营销的最终目标是促成交易，因此直播间的转化指标主要是指引导成交数量。引导成交数量是指用户通过直播的引导把直播商品加入购物车并且支付成功的总订单数。

转化指标与直播间的人气指标和互动指标是密切相关的，因此成交单量与在线人数和互动数量是密切相关的。

● 成交单量与在线人数

直播间的成交单量与在线人数可以反映出直播间用户的精准程度，公式如下。

直播间用户的精准程度 = 成交单量 / 在线人数 ×100%

数值越高，代表直播间用户的精准程度越高；数值越低，代表直播间用户的精准程度越低。

直播间用户的精准程度如果比较低，那么直播就很难达成销售转化。通常来说，每场直播的直播间用户精准程度要高于 3% 才算达到较为理想的效果，也就是说如果有 1000 人在线，那么至少要成交 30 单。

● 成交单量与互动数量

直播间的成交单量与互动数量可以反映出直播商品的内容策划质量，公式如下。

直播商品的内容策划质量 = 成交单量 / 互动数量 ×100%

数值越高，代表直播商品的内容策划质量越高；数值越低，代表直播商品的内容策划质量越低。

用户参与直播互动但却没有下单，那么很可能是商品口碑、商品详情页或商品定价存在问题，从而影响了用户的购买决定。因此直播团队需要优化选品环节、商品配置以及促销方式。

通常来说，直播商品的内容策划质量应该大于 5% 才算理想，也就是说每 1000 条互动至少要成交 50 单。

6.3　直播运营的复盘与改进

直播运营复盘是直播的一个重要环节，即使是"头部"主播，每场直播后也需要对直播表现进行复盘。因为没有一场直播是完美的，每场直播都有值得反思的地方。

6.2 节已经介绍了数据分析评估指标，直播运营的复盘与改进也可以从数据分析评估的 3 个指标入手。

6.3.1　人气指标的复盘与改进

人气指标复盘主要关注在线人数的变化和稳定程度，一般会出现在线人数少和在线人数不稳定的问题，下面分别提出一些改进策略。

1. 在线人数少

如果直播间的在线人数长期停留在一个比较低的数值，例如 100 人以内，通常是由于直播间的用户留存策略有问题。

● 抽奖、发券、发红包方式错误

提升直播间留存用户最快的方式就是利益引导，也就是抽奖、发券、发红包等。而直播间的在线人数较少，极有可能是因为抽奖、发券、发红包的方式出现了问题。

① 没有明确告知用户直播间的抽奖、发券、发红包活动。

很多用户之所以没有在直播间过多停留，就是因为他们进入直播间后，没能及时了解到直播间的这些活动。直播间应不断通过口播、公告、小黑板等多种方式实时说明抽奖、发券、发红包活动的规则和参与方式。

② 抽奖、发券、发红包活动没有一定的规则。

有的直播间对于抽奖、发券、发红包活动没有明确的规则，这些活动都是随意进行的，主播想发就发、想抽就抽，这样就会导致用户没有目标，从而不会在直播间过多停留。直播间应该明确抽奖、发券、发红包活动的规则，例如"点赞1万抽99元面膜10盒"。

③ 抽奖、发券、发红包的过程中无任何互动。

抽奖、发券、发红包的过程中，主播不与用户积极互动，很容易让用户失去兴趣，进而用户就会流失。因此，到了活动时间后，主播要不断与用户互动，提醒用户参与互动，活跃直播间气氛。

④ 抽奖、发券、发红包活动的安排缺少节奏。

有的直播间中，一场直播只有一场抽奖、发券、发红包活动，或者一次活动结束后，主播就不再提及下次活动的节点，这样新进入的用户就很难在直播间停留。

直播间一定要有节奏地安排这些活动。一次活动结束后，主播可以公布中奖者，以提高活动的可信度，同时告知用户下次活动是什么时候，例如"没有中奖的不要走开，我们会在点赞到2万的时候再抽一次奖"，这种方式可以大大增加用户的停留时间。

● 直播界面呈现效果欠佳

直播界面的呈现效果是影响直播间用户留存的因素之一。直播界面的呈现效果欠佳主要有以下两方面原因。

① 横竖屏混用、乱用。

许多直播通常只有主播一个人出镜，如果使用横屏，主播无论是在中间还是偏左、偏右，画面都会有比较多的空白，视觉效果会比较差；另外从视觉冲击力上来说，横屏也比竖屏弱一些。因此，直播团队需要根据实际的直播场景和需要展示的内容，来选择合适的直播方式，切记不要横竖屏混用、乱用。横屏直播和竖屏直播的适用场景可以参考表6-2。

表6-2

直播方式	适用场景
横屏直播	适合多主播一起参与的直播，以及需要展示较大场景和较多内容的直播，例如大型发布会、大型产品展示、多人活动等
竖屏直播	适合单人直播或者场地较小的直播

② 直播背景杂乱。

直播背景是用户进入直播间后第一眼就能看到的，它会直接影响用户对直播间的第一印象。一个杂乱无章的直播背景会让用户对直播间的印象大打折扣，甚至产生反感，导致留不住用户。

2. 在线人数不稳定

在线人数的稳定程度主要与直播间在线人数中老用户的比例有关。一般情况下，老用户的比例越高，在线人数相对越稳定。图 6-19 所示为两个不同直播间的在线人数监测情况，直播间 1 的在线人数是非常不稳定的，一直处于不断波动的状态，在最后半小时甚至是一直处于下滑的状态；直播间 2 的在线人数是相对比较稳定的，一直稳定在 12000 人左右。

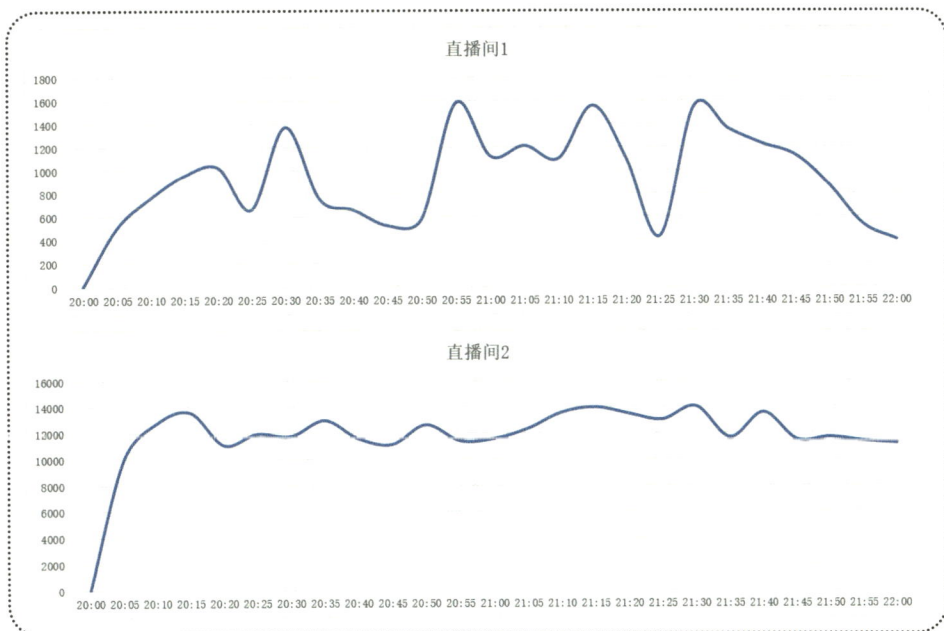

图6-19

要提高老用户的比例，直播团队可以从以下几个方面入手。

● 固定开播时间

对于自己喜欢的主播，用户都会特别注意其开播的时间，只要时间合适，一般都会观看，而固定开播时间有利于用户形成固定的观看习惯。

● 加强直播预告

直播预告一方面可以提醒用户开播时间，加强用户的记忆；另一方面可以帮助用户提前了解直播内容。在直播预告中告知用户直播中要分享的商品，有助于对直播内容进行精准的用户匹配，获得更精准的流量。

● 把控直播节奏

直播节奏的把控是影响在线人数稳定程度的一个重要因素。而直播把控节奏的关键在于脚本，因此直播团队在直播前一定要做好直播脚本的策划。

6.3.2 互动指标的复盘与改进

互动指标复盘通常可以分为新用户的互动指标复盘和老用户的互动指标复盘。下面分别分析新用户和老用户互动率低的改进策略。

1. 新用户互动率低

为了提高新用户的互动率，直播团队可以采取以下两种策略。

① 不断强调直播间的互动玩法，也就是说主播在直播过程中，要不断地通过口播等方式说明直播中的互动方法，避免新用户不知道如何参与互动。

② 强化直播间运营人员的互动引导，引导直播间的新用户积极参与互动。

2. 老用户互动率低

为了提高老用户的互动率，直播团队可以采取以下几种策略。

① 给予福利奖励，刺激老用户参与互动。

② 积极引导直播间的老用户加入粉丝群。

③ 调整老用户的引流方式，避免吸引过多不喜欢互动的用户进入粉丝群。

④ 做好老用户维护，让老用户快速融入直播间，让其互动更自然。

6.3.3 转化指标的复盘与改进

转化指标复盘通常可以分为成交率复盘和退货率复盘，最常见的问题就是成交率低和退货率高。下面分别分析成交率低和退货率高的改进策略。

1. 成交率低

成交率是指直播间的成交单量与直播间在线人数的比值，公式如下。

成交率 = 直播间的成交单量 / 直播间在线人数 ×100%

如果直播间的成交率持续走低，且持续保持在 10% 以下，说明直播间存在选品和用户匹配度不高等问题，直播团队需要进行调整，如表 6-3 所示。

表6-3

调整内容	调整策略
选品	重新分析直播间的粉丝画像，根据粉丝画像，调整直播间的选品策略
定价	分析直播间的商品是否已经做好了价格保护，调整商品的组合策略，注意进行差异化定价
转化策略	直播间的活动策划要增强互动性，要让直播间的用户参与直播活动

2. 退货率高

退货率是指退换单量与成交单量的比值，公式如下。

退货率 = 退换单量 / 成交单量 ×100%

如果直播间的退货率持续走高，且持续保持在 30% 甚至 50% 以上，直播团队就需要对商品及主播的话术等进行调整，如表 6-4 所示。

表6-4

调整内容	调整策略
商品	严格审查商品，确保商品质量不存在任何问题，而且要保证商品的定价与品质相匹配
话术	注意话术的使用，确保直播过程中没有出现过度引导的情况
细节工作	对发货和客户服务等与用户息息相关的细节工作进行优化，确保发货和客服人员回应及时

第 **7** 章

打造不同类型的直播间

7.1 打造温馨的母婴产品直播间

随着互联网、电商行业的不断发展，很多线下母婴店铺也逐渐加入了直播的队伍。那么如何才能打造一个温馨的母婴产品直播间呢？下面以打造一个较低成本的双机位直播间为例进行介绍。

7.1.1 拍摄设备的选择

对于母婴产品，多数消费者更关注其品质和细节。为了保证能够向观众更清晰地展示产品，母婴产品直播间一般会选择相对专业的摄像机。因为需要呈现产品的特写镜头，所以一般要求至少有两个机位，即一个主机位加一个特写机位（图7-1）。

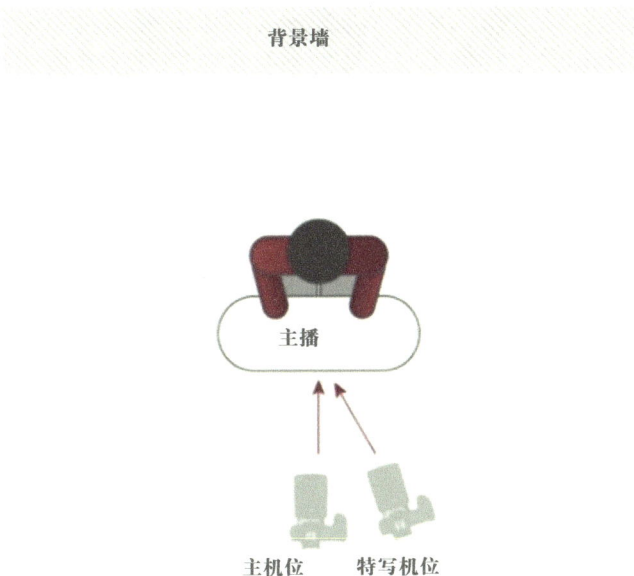

图7-1

选择摄像机时，需要注意以下两点。

第一，色彩展现要科学。科学的色彩展现搭配上特写机位，才能更加准确地展示产品的品质和细节。

第二，具有灵敏的自动对焦功能，可以让对焦更准确。

|7.1.2| 灯光设备的选择与布置

母婴产品给人的感觉应该是明亮的，因此母婴产品直播间一般需要多角度的灯光。另外，由于当前搭建的直播间使用了特写机位，因此，除了需要多角度的灯光外，还需要增加灯光的数量，以此来提升主播与产品区域的整体光影质感，从而突出主体。

整体来说，合理选择灯光设备，并将它们进行组合与搭配，再配合两个机位，产生通透与柔和的效果，如图 7-2 所示。

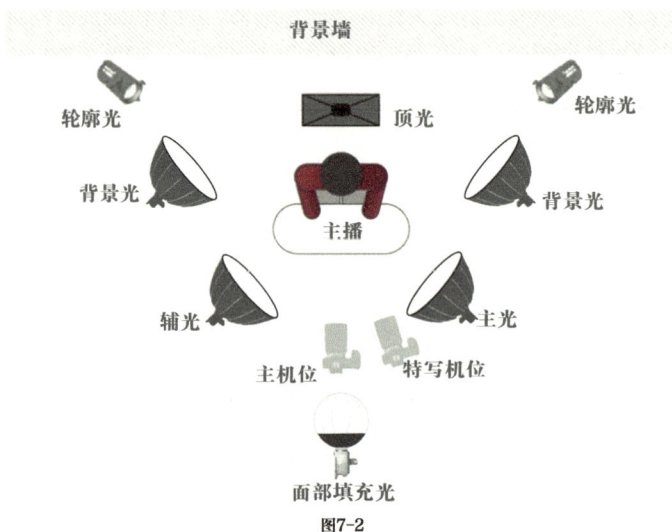

图7-2

直播间的整体场景布置可以参考图 7-3。

图7-3

7.1.3 导播台多机位、多角度切换

在直播过程中采用多机位切换导播台是非常重要的。可以将两台摄像机通过 HDMI 线接入导播台，再将导播台接入 PC。这样就可以实现直播过程中多机位、多角度的切换了，从而把控主播的讲解节奏，同时加强产品细节的展示。此外，将无线麦克风接入导播台，可以实时控制麦克风的增益大小。

7.2 打造具有质感的服装直播间

如今，人们的生活节奏非常快，越来越多的人选择线上购物，于是现场感较强的服装直播迎来了新的发展机会。

服装直播说起来简单，但是实际操作起来比较难，没有经验的人一开始会遇到各种问题。下面就来介绍一下如何选择直播设备，如何布置直播环境，从而打造有质感的服装直播间。

7.2.1 直播设备的选择

对于个体服装店来说，刚开始学习直播只需要手机、支架、补光灯以及稳定的网络即可，如图 7-4 所示。

手机的配置会直接影响直播间的画质。一般推荐使用 iPhone 较新版本的手机产品，OPPO、华为、小米等国产手机旗舰机型也是不错的选择。另外，可以直接购买一体化设计的环形补光灯。

背景墙

图7-4

刚开始直播时使用手机、支架和补光灯，这套装备基本可以保证直播流程顺利进行，但是随着直播频次的增加，自己对直播效果的要求也会提高。提高画面清晰度和音质最直接的办法就是提升直播设备水平。

通常服装直播需要体现服装的质感，主播的声音也要有较好的清晰度和质感。因此一般需要采用 PC 进行直播。高清直播间设备要求如下。

PC：Windows 或 mac OS 系统，intel i5 处理器，最好为 intel i7（电脑硬件配置过低，可能导致画面卡顿或者音画不同步）。

拍摄设备：最好采用即插即用的网络摄像头。

灯光：专业摄影灯。

服装直播间通常选择三灯布光，主播一般是站播，可以参考图 7-5 所示的布光方式进行布光。

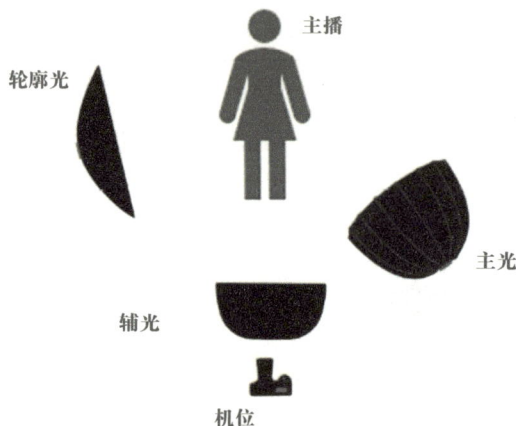

图7-5

主光的作用是照亮主播；辅光可以照亮主播的腿部；轮廓光在照亮主播轮廓的同时，也起到了一个弱辅光的效果，配合主光照亮主播全身。

|7.2.2| 直播环境的布置

服装直播间最重要的就是环境整洁、光线明亮。

● 环境整洁

服装直播间相对于其他类型的直播间来说，通常东西会比较多，如衣服、衣架、衣柜等。那么这些东西应该怎样摆放呢？

① 为了方便拿取衣服，可以在直播间中摆放衣架或衣柜。但是要注意，衣服在衣架和衣柜中要摆放整齐，如果做不到整齐摆放，就不能让它们出现在镜头里面。

② 为了方便展示服装，直播间中可以放置模特，但是模特的数量不能太多。

③ 最好在直播间中放置一个小黑板或者电子信息板，方便主播标明直播期间的重要信息，如是否包邮、模特身材、服装尺寸等。

● **光线明亮**

一般服装直播间要求整体的光线比较明亮，直播间的主灯一定要足够亮。另外，打光的时候还需要注意光线的颜色，服装直播间多采用冷光，这是为了在镜头前展示衣服的真实状态。

7.3 打造勾人食欲的零食直播间

零食几乎在各大带货主播的直播间都能看到，几乎各个年龄段的消费者都会购买，且购买频率很高。可见，零食直播的竞争压力比较大，那么，零食直播间该如何搭建场景呢？

7.3.1 绿幕背景设置

零食直播间的背景通常都不是固定的，而是会随着主播介绍的零食品类变化而不断变化，因此在很多情况下，使用绿幕背景更方便一些。

首先准备一块绿幕。注意，在搭建绿幕背景时，一定要保证背景布平整、没有褶皱，如图 7-6 所示。

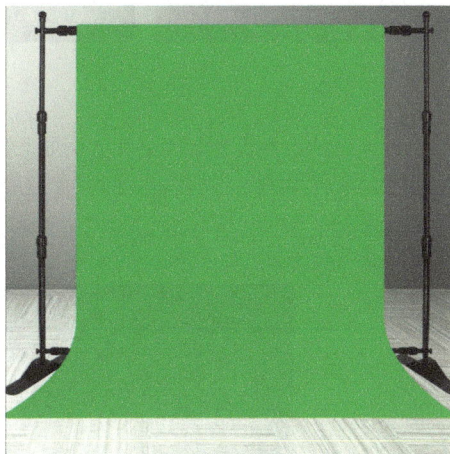

图7-6

本节以抖音手机直播为例，介绍绿幕背景直播的具体操作。

在直播之前，需要在手机中安装一个绿幕直播 App，例如"直播加加"。此外，进行绿幕背景直播一般需要两个手机，一个用于直播，一个用于查看直播效果。

打开抖音，点击界面下方中间的加号按钮，切换到【开直播】界面，在【开直播】界面选择【手游】选项，然后点击【选择分类】选项，在【选择直播内容】界面中选择【其他】选项，再选择【其他非游戏直播】选项，如图 7-7 所示。

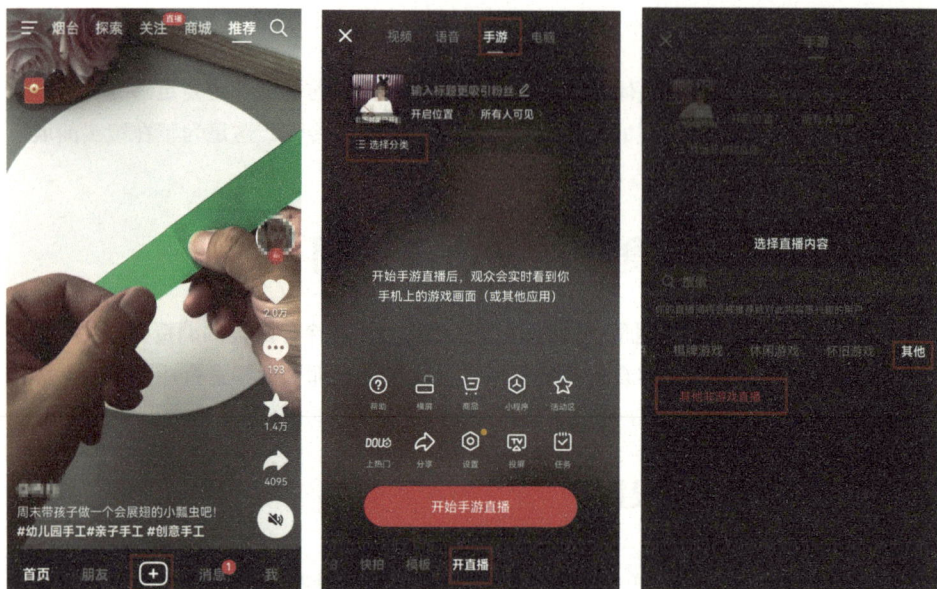

图7-7

为自己的直播类别起个名字,例如"零食直播专场",输入完毕点击【确定】按钮,返回【手游】直播设置界面,输入直播标题,例如"一样的美味,不一样的品位",如图 7-8 所示。

图7-8

点击【设置】按钮，打开【设置】界面设置直播间介绍等信息，需要特别注意的是清晰度的设置，一般选择【高清】或【超清】，如图7-9所示。

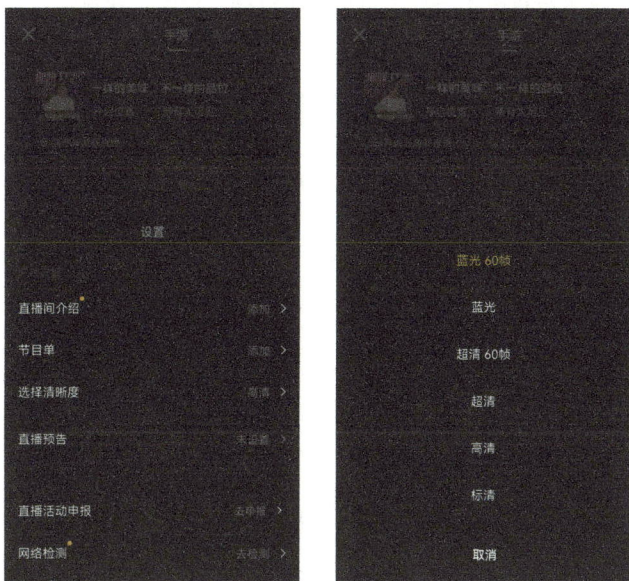

图7-9

设置完成后，不要急于开始直播，因为我们选择的是手游直播，开始直播后，手机屏幕上的画面就会出现在直播画面中。打开绿幕直播App（如直播加加），切换到【我的直播间】界面，点击【新建直播间】按钮，然后选择直播平台、屏幕方向及开播方式等，此处选择抖音、竖屏、手机录屏，如图7-10所示。

图7-10

点击【确定】按钮，进入初始界面。选择直播类型，此处选择【绿幕】选项。设置人像层，选择【人像层】选项，点击【设置】按钮，在【抠像设置】界面中选择【绿幕抠像】选项；设置背景层，选择【背景层】选项，点击【设置】按钮，选择需要添加的内容，可以是图片，也可以是视频，此处选择【图片】，如图 7-11 所示。

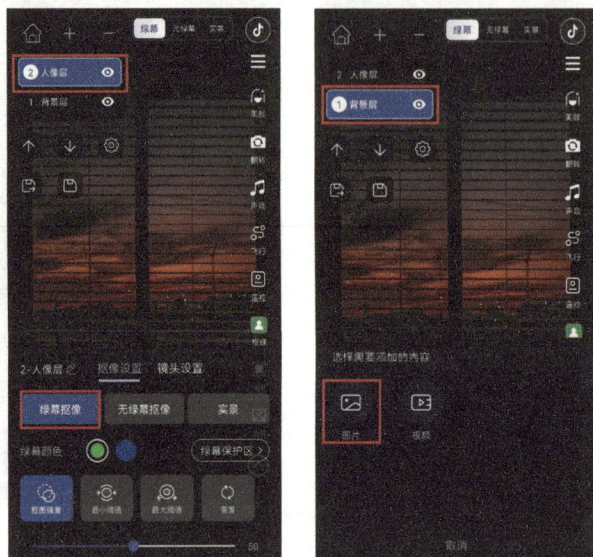

图7-11

可以从素材库或者本机相册里添加图片，此处，我们从本地相册中添加图片。选择背景图片所在的文件夹，然后从中选择直播过程中需要的背景图片，选择完毕，点击【完成】按钮，如图 7-12 所示。

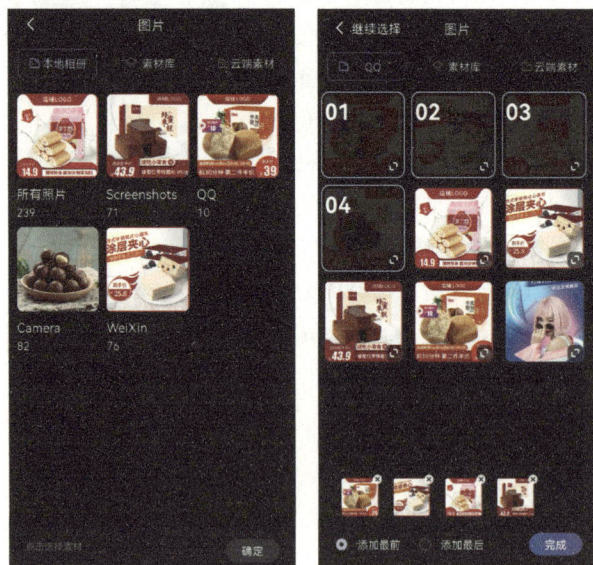

图7-12

返回主界面，可以在界面下方看到刚才添加的背景图片。如果对背景图片的顺序不满意，可以通过下方的【最前】【左移】【右移】【最后】按钮来进行调整。例如选中第 3 张背景图片，点击【最前】按钮，即可将其移动到最前面，如图 7-13 所示。此外，还可以选择背景图片的切换方式，此处选择【手动切换】选项。

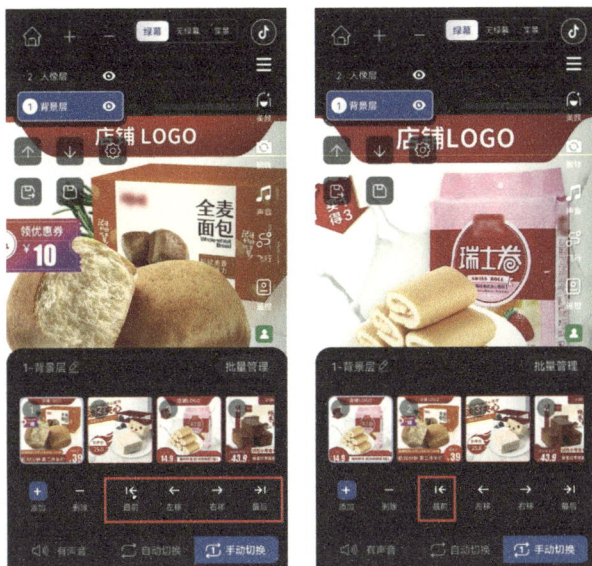

图7-13

点击【清屏】按钮，切换到【抖音】，点击【开始手游直播】按钮，然后会弹出一些权限申请对话框，选择【允许】选项，然后就可以开始直播了，可以使用其他手机查看直播效果，如图 7-14 所示。

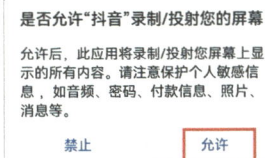

图7-14

7.3.2 绿幕场景的灯光布置

用绿幕背景直播的好处是背景能够随意切换，但是，如果绿幕设置得不好，直播画面就会看上去特别假或者主播在直播画面中会"缺胳膊少腿"。造成这些问题的主要原因就是灯光布置不当。

为绿幕场景布光，一定要选择显色好、照度高的LED灯，布光时关闭室内的其他灯。

第一步，用辅光灯照亮绿幕背景。一定要保证光线均匀地铺在绿幕上，明暗对比不能太强，通常建议使用球形柔光罩。另外，辅光灯需要放在距离绿幕大约2米的位置，高度约为2米。需要注意的是，人和绿幕的距离建议在2米或者2米以上，因为人离绿幕太近的话，绿色会反射到人脸上。

第二步，给人物打光。主光灯放在人物斜前方，大约45度角方向，距离1米，照亮人物的同时照亮桌面。

第三步，打轮廓光。轮廓光灯在人物的斜后方45度，从上往下照射，给人物的发丝和肩膀打上轮廓光，让人物和背景可以更好地分离，有利于绿幕抠像。

绿幕背景直播灯位布置可以参考图7-15。

图7-15

7.4 打造充满科技感的3C数码产品直播间

同样是售卖3C数码产品的直播间，为什么别人的直播间就充满科技感，你的直播间却平平无奇？下面就来介绍如何快速搭建一个充满科技感的3C数码产品直播间。

|7.4.1| 直播间背景布置

要想打造充满科技感的3C数码产品直播间,一般选择暗色调或者蓝色荧光的背景。背景既可以使用绿幕,也可以使用实景。绿幕背景只需要一块绿布即可,实景则可以使用背景布或者暗色背景墙加彩灯。例如可以选择亚克力板的墙面为背景,然后将置物架、铁网等道具放置在背景的前面。

|7.4.2| 直播间灯光布置

直播间的灯光是打造科技感、渲染氛围感的重要元素,可以这样布置。

首先,在主播的右前方放置一盏常亮灯提供主光,搭配柔光罩,从上往下照亮人物主体。这样做不仅可以照亮人物面部,还可以照亮人物身前的产品。

接着,在主播的左前方放置一盏常亮灯提供辅光,搭配柔光罩进行打光,作用是淡化主灯产生的阴影,同时提亮产品的暗部,让产品看起来更有质感。

然后,在主播的侧后方放置一盏常亮灯提供轮廓光,搭配柔光罩,提亮主播整体亮度,同时照亮主播的轮廓,使直播画面看起来更加富有层次感。

最后使用一盏全彩摄影灯营造出不同颜色的光效,打造出科技感。

这样一个充满科技感的3C数码产品直播间就搭建好了。具体灯位布置可以参考图7-16。

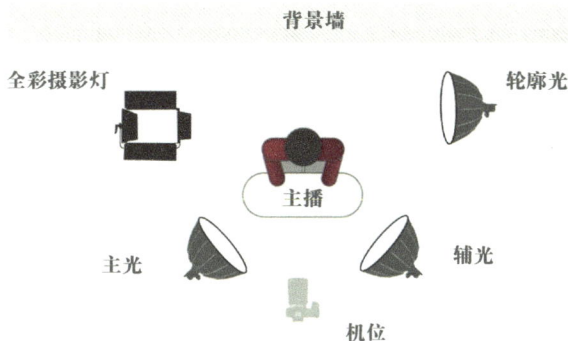

图7-16

7.5　搭建三农产品直播间

随着互联网的不断发展,互联网已经成为农产品产销对接的重要渠道。近年来,在政策的持续支持下,农产品电商发展的基础设施条件不断完善,线上销售渠道进一步打通,三农直播也逐渐发展起来。通过三农直播,让更多的人了解农业、了解农村,传递正面的农业信息,帮助农民增加收入,助力乡村振兴。

三农直播根据场地的不同,可以分为两种:室内直播和户外直播。

● **直播间背景布置**

　　三农产品直播间的背景搭建
不需要浓重的科技感，而是需要
接地气。一般需要的是具有乡村
氛围感的背景，这样更容易激发
用户的购买欲望。

　　背景既可以使用绿幕，也可
以使用实景。

　　绿幕背景只需要一块绿布，
然后搭配上相关农产品的图片或
视频等来构建即可，如图 7-17 所
示。

图7-17

　　实景中则可以使用与产品相关的背景布作为背景，如图 7-18 所示。

图7-18

● **直播间灯光布置**

　　农产品直播间的灯光最重要的作用是保持明亮。好的灯光布局，可以有效提高画
面质量，更好地展现农产品的形态。

　　首先，在主播左前方 45 度放置一盏深抛加网格灯提供主光。灯距离主播大概 3 米
左右。

然后，在主播的右侧方再放置一盏深抛加网格灯作为辅光灯，作用是打亮暗部的细节，距离主播大概 2 米左右。

此时，背景是缺乏层次感的。在主播的左侧方再放置一盏灯模拟自然光源，这样后边的层次感就出来了。

最后，在主播的侧后方放置一盏补光灯，给主播的脸部补光，这样整体的质感就出来了。

这样，一个简单的农产品直播间就搭建好了。具体灯位布置可以参考图 7-19。

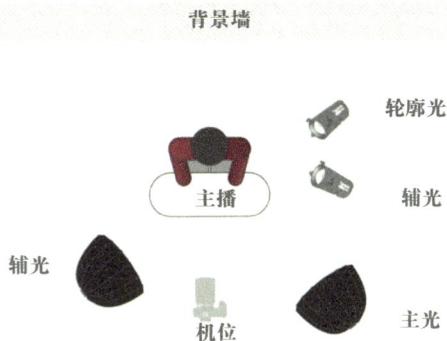

图7-19

7.5.2 户外直播

有些主播会在农产品的产地进行户外直播，让用户感受到农产品的新鲜，这样用户也会更愿意购买，那么这种在产地的户外直播间应该如何搭建呢？

● 直播设备的选择

对于这种真实的农产品产地直播，很多主播都是用手机实现的。

在产地使用手机直播有很多好处，具体如下。

① 使用手机直播会让观众有一种临场感，可以拉近观众与主播的距离，让观众有很亲切的感觉。

② 主播在讲解的过程中，可以把手机从支架上拿下来，便于对农产品进行展示。

使用手机直播，为了保证画面和声音的稳定，还需要配备手机稳定器、三脚架、麦克风。

① 手机稳定器。在户外直播的时候，有时候需要手持手机来回走动，使用手机稳定器，画面会比较稳定。为了避免镜头离自己过近，还可以增加一个延长杆。

② 三脚架。当主播在固定位置讲解的时候，可以将手机放到三脚架上，这样一方面可以保证画面的稳定，另一方面可以解放双手展示农产品。

③ 麦克风。在田间地头直播，环境没有那么安静，所以需要使用麦克风进行收音，避免录到杂音。

7.6 户外探店直播

主播进行探店直播时，既可以使用手机拍摄，也可以使用数码单反相机摄像机拍摄。户外探店直播通常需要的设备如下。

● 拍摄设备

如果是新主播进行探店直播，一般建议配备一个支持4K和60帧/秒拍摄的手机。如果想要升级设备，可以使用微单相机（定位专业的款式）。相较于手机，微单相机有几个非常明显的优势。

① 微单相机通常有一个可以翻转的屏幕，探店达人可以在出镜的过程中，直观地看到画面是否对焦、人物是否出镜、自己的拍摄状态等。

② 微单相机能够快速对焦，通常对焦越快，画面的主题呈现效果越好，画面层次越清晰。

③ 微单相机相对于手机来说，画面的调色和人物的美颜都有比较大的提升。

除了手机和微单相机，还可选择数码单反相机。单反相机可以搭配各种变焦镜头，使用它拍出来的素材质量更好，但是它对于拍摄技巧和后期处理的要求也会比较高。

● 收音设备

探店直播时，一般场景相对嘈杂，因此收音环节要特别注意。

声音清晰是直播视频的基础，探店达人通常会选择无线收音设备，方便操作。收音设备多种多样，建议一步到位选择"一拖二"收音设备，就是准备两个麦克风，以便直播过程中有两个人出镜时使用。另外，建议探店达人额外准备一个有线的领夹收音麦，它更小巧，方便探店达人去捕捉一些细微的声音，拍出来的作品沉浸感会更强。

● 灯光设备

探店直播一般使用两种灯就足够了。一种是棒灯，用来提供轮廓光，适合给人物打光，来突出人物和环境的层次感和氛围感。另一种是平板灯，用来提供主光，适合给菜品还有其他产品打光。

● 稳定器及其他设备

运镜要考虑到画面的稳定效果，因此无论是使用手机拍摄还是使用相机拍摄都建议使用稳定器。另外，在探店直播的时候，建议探店达人随身携带充电宝，这样在拍摄的过程中，如果出现紧急断电的情况，可以通过充电宝来给设备充电。此外，手机或者相机用的八爪鱼支架，方便探店达人在任何地方固定机位拍摄。

第 **8** 章

直播视频切片与发布实战

8.1 直播视频切片概述

直播视频切片就是将直播过程中的精彩片段进行二次剪辑而形成的视频作品。

直播视频切片是"抢流量"的利器，因为视频和直播属于两个不同的流量池，受众不同，推荐机制也不同，使用直播视频切片可以将两个流量池中的流量导入同一个终点。

直播视频切片的形式可以分为以下两类。

●自己直播自己录制

自己直播，自己录制，一般就是剪辑自己直播的片段，然后将作品发布在不同的平台上进行曝光与推广。

●获得授权的录制他人直播

在火爆的直播视频切片需求下，出现了另一种更合规的盈利模式，它涉及带货主播、带货 KOC（发布直播视频切片的账号）以及第三方机构。

KOC 获得主播授权后，通过直播视频切片吸引用户下单，从而获得佣金，再和主播进行分成。这种模式类似于"分销"，有效避免了侵权的风险。如图 8-1 所示，账号简介里清晰标注了"官方授权"，且只固定发一位主播的直播视频切片。

1850 获赞　　**676** 关注　　**5849** 粉丝

❤ ▢▢▢ 官方授权账号
⬇ ▢▢▢ 直播间同款，正版授权，售后无忧
🛒 没时间看直播的同学们
👇 可以在下面橱窗捡漏

30岁　IP：辽宁　已毕业

🛍 进入橱窗●
　　25件好物

＋关注　　▼

图8-1

8.2 直播视频切片的作用

直播视频切片的引流作用，既可以体现在直播前，也可以体现在直播中，还可以体现在直播后。

● **直播前，预热视频引流**

目前，预热视频以预告视频和直播视频切片为主，其中利用上一场直播内容剪辑成的直播视频切片的引流效果比较不错，引来的流量也比较精准，提升直播间转化率的效果也较好。

直播前，我们可以将上一场直播的内容剪辑成多条不同的预热视频并发布。

● **直播中，发布实时直播切片**

一边直播，一边把直播过程中的精彩片段剪辑成为短视频并发布，也可以为直播间带来一大波自然流量。实时直播切片，大多直接用直播镜头采集到的画面，视频内容为主播讲解商品，"对话"的形式互动性强，流量更精准。

● **直播后，发布直播视频切片**

在一场直播结束后，立即剪辑和发布直播中的精彩片段，这样的直播视频切片也可以成为回流视频，能增强粉丝黏性。

8.3 制作直播视频切片

直播视频切片有两种制作方法，一种是自己录制、剪辑和发布，另一种是通过第三方软件下载、剪辑、发布。

8.3.1 录制直播视频

直播视频既可以在手机端录制，也可以在 PC 端录制，本小节介绍如何在 PC 端录制直播视频。

在 PC 端录制直播视频，首先需要下载屏幕录像工具，之后根据安装提示进行安装。本小节以 Camtasia Studio 9 软件为例进行介绍。

● **屏幕录像工具设置**

软件安装完成后，首先需要对软件中录制直播视频时需要用到的参数进行设置。

打开软件，单击【录制】按钮，打开【录制】对话框，在【选择区域】组可以选择【全屏】选项或者根据直播视频的尺寸自定义录制尺寸，此处选择【全屏】选项，如图 8-2所示。

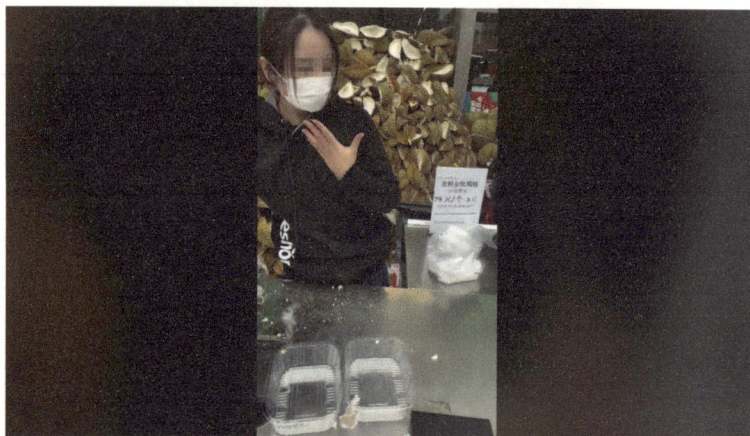

图8-2

　　在【录像设置】组单击【音频开】按钮右侧的下三角按钮，在弹出的菜单中选择【不录制麦克风】和【录制系统音频】选项，如图8-3所示。

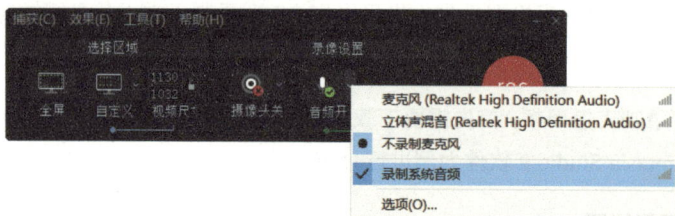

麦克风 (Realtek High Definition Audio)	
立体声混音 (Realtek High Definition Audio)	
不录制麦克风	
录制系统音频	
选项(O)...	

图8-3

　　单击【工具】菜单，在弹出的菜单中选择【选项】选项，打开【工具选项】对话框，设置【捕获帧速率】为30。设置完成后单击【OK】按钮，如图8-4所示。返回主界面，单击【rec】按钮即可开始录制。

图8-4

●抖音设置

在 PC 端打开抖音，进入要录制的直播界面，默认的直播界面比较凌乱，带有弹幕、礼物特效等，如图 8-5 所示。

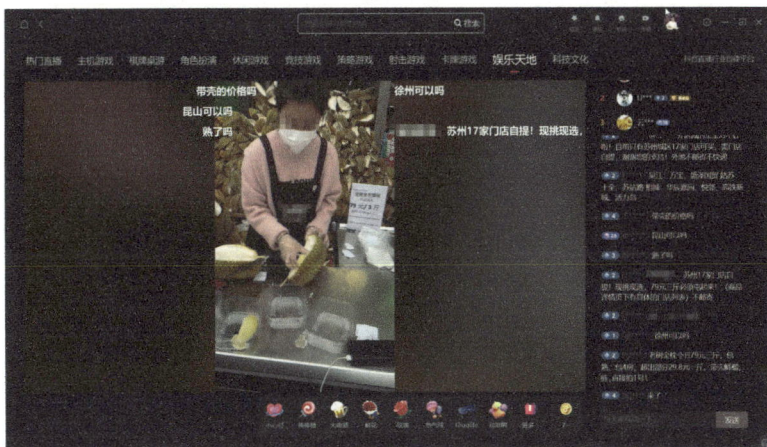

图8-5

将鼠标指针移动到视频播放窗口区域，弹出界面设置的按钮，可以设置画面的清晰度、弹幕开关、礼物特效开关、声音大小、播放界面大小等，通常画面的清晰度选择【原画】或者【超清】即可，播放界面大小选择全屏，如图 8-6 所示。

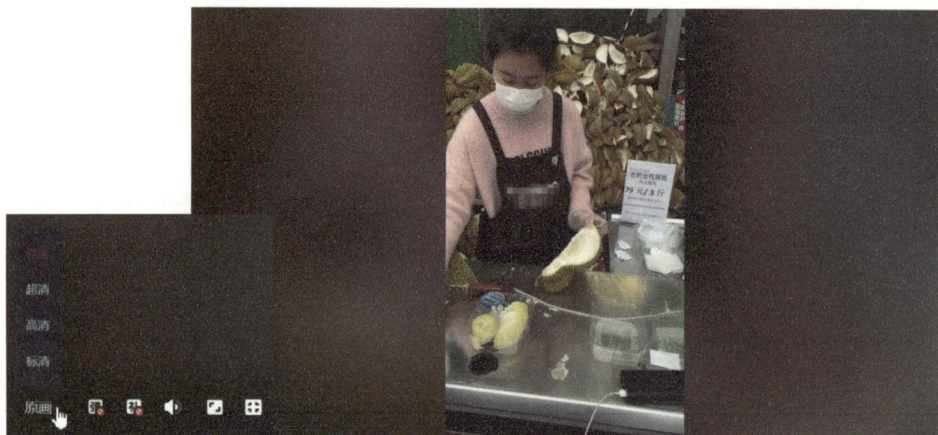

图8-6

　　录制完成后，按【F10】键即可结束录制。结束录制后，可以在 Camtasia Studio 9 中对视频进行粗剪，将视频开头和结尾多余的部分剪掉。例如将时间指针移动到需要剪辑的位置，然后单击时间指针左侧绿色的【选择起点】按钮，将其移动到视频的开头位置，再单击【剪切】按钮，即可将视频开头的多余部分删除，如图 8-7 所示。

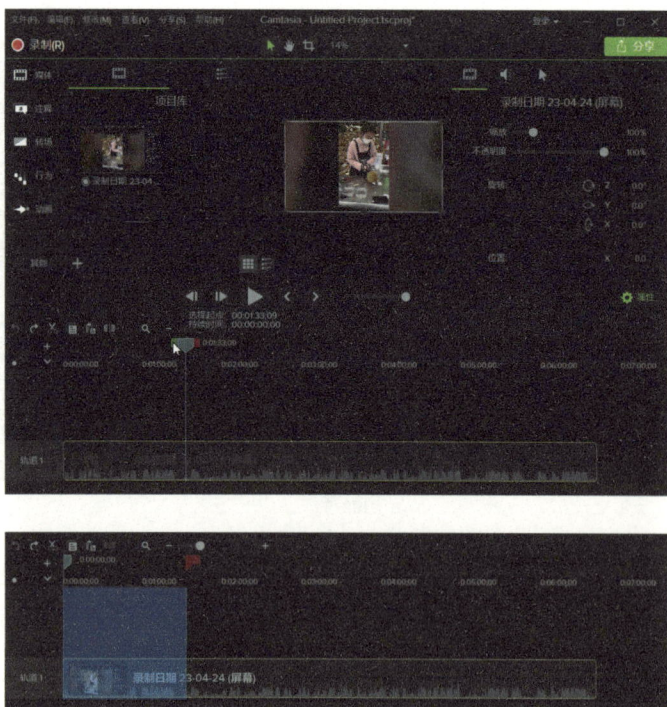

图8-7

图8-7（续）

粗剪完成后，就可以导出视频了。单击界面右上角的【分享】按钮，在弹出的下拉列表中选择【自定义生成】→【新建自定义生成】选项，如图 8-8 所示。

图8-8

在弹出的对话框中，切换到【控制条】选项卡，取消勾选【生成控制条】复选框，切换到【视频设置】选项卡，设置【帧率】为 25 帧 / 秒，【关键帧每】为 1 秒，如图 8-9 所示。

图8-9

设置完毕，连续单击【下一页】按钮，设置视频的名称和保存位置，设置完成后单击【完成】按钮，即可导出视频，如图 8-10 所示。

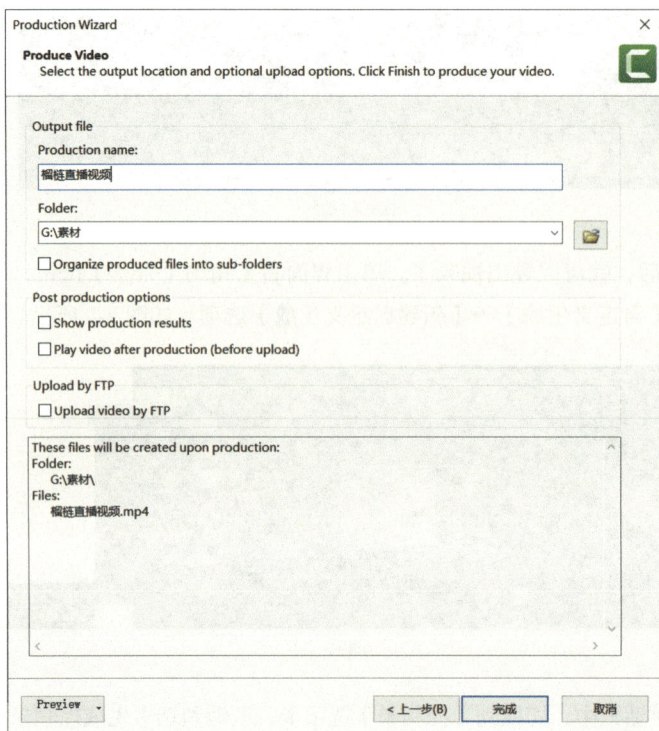

图8-10

|8.3.2| 剪辑直播视频

录制好的直播视频不能直接发布，还需要进一步剪辑加工。

启动 Premiere，进入【开始】界面，单击【新建项目】按钮，如图 8-11 所示。

图8-11

弹出【新建项目】对话框，在【名称】
文本框中输入"榴梿"，单击【位置】文本
框右侧的【浏览】按钮，设置项目的保存位置，
其余选项保持默认设置，单击【确定】按钮，
如图8-12所示。

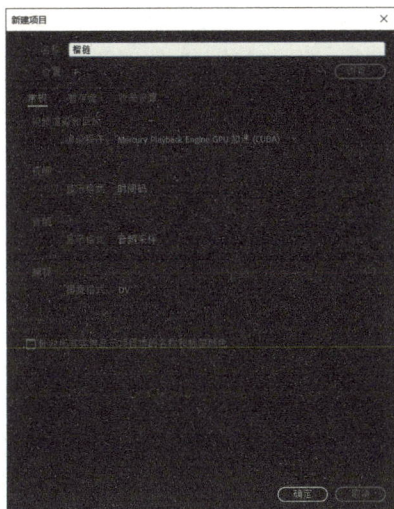

图8-12

在【项目】面板的空白处单击鼠标右键，在弹出的快捷菜单中选择【导入】选项，弹
出【导入】对话框，选中需要导入的素材文件，单击【打开】按钮，即可将素材导入【项
目】面板，如图8-13所示。

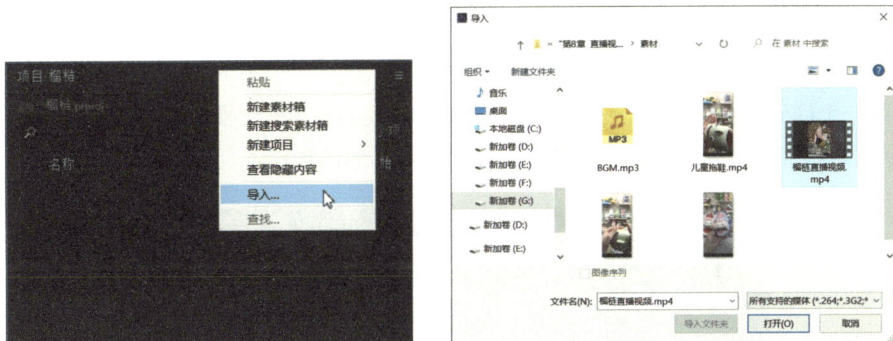

图8-13

将【项目】面板中的视频素材拖到时间轴上，即可自动创建一个视频轨道，如图8-14
所示。

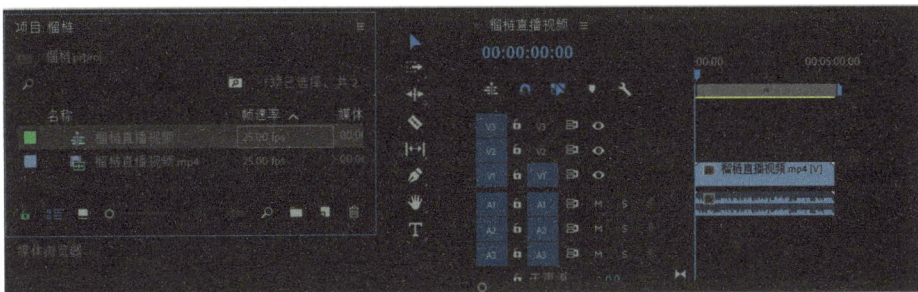

图8-14

录制的直播视频是带有原声的，此处若不想使用原声，可以在时间轴的视频素材上单击鼠标右键，在弹出的快捷菜单中选择【取消链接】选项，如图 8-15 所示。

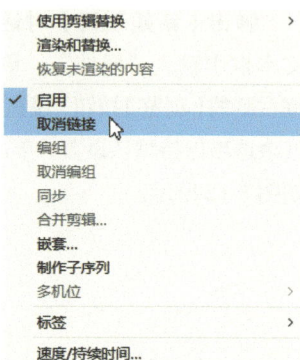

图8-15

视频和音频分离后，选中音频，按【Delete】键，将其删除，如图 8-16 所示。

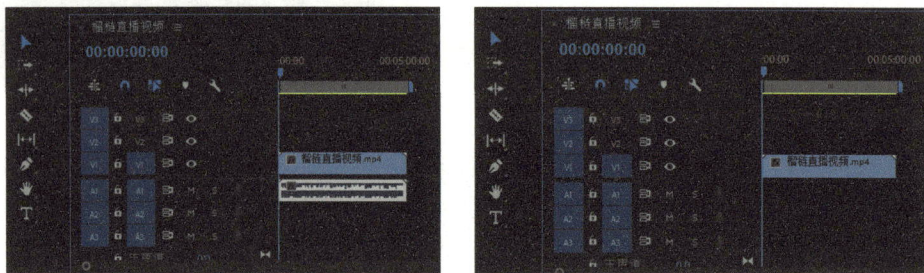

图8-16

当前视频素材的主要内容是剥榴梿，其中包含剥多个榴梿的过程，我们只需要将剥第一个榴梿的过程正常播放，前面的准备工作及剥后面几个榴梿的过程都可以倍速播放。使用剃刀工具将视频素材分为 3 部分，如图 8-17 所示。

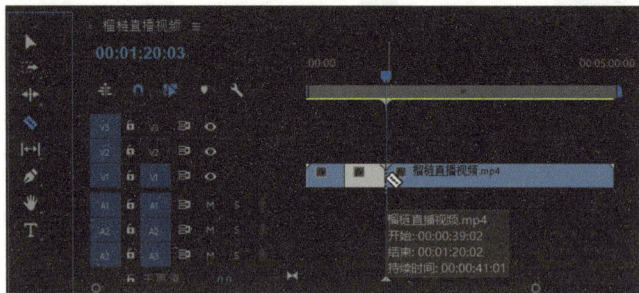

图8-17

选中第一段视频，单击鼠标右键，在弹出的快捷菜单中选择【速度/持续时间】选项，弹出【剪辑速度/持续时间】对话框，设置【速度】为 500%，单击【确定】按钮，如图 8-18 所示。

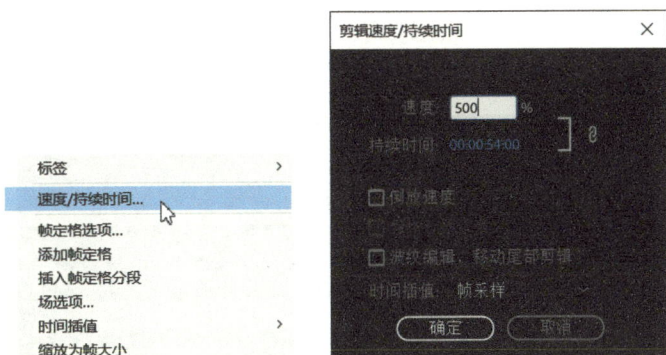

图8-18

按照相同的方法，将第三段视频的速度也调整为500%。此时可以看到第一段视频后面出现了一段空白，选中空白处，按【Delete】键将其删除，如图8-19所示。

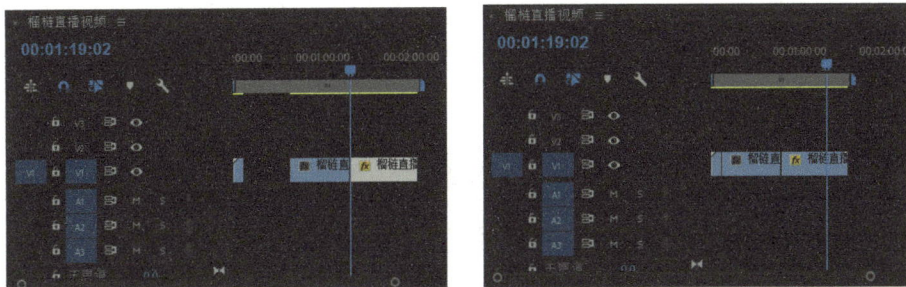

图8-19

在第二段视频中，可以使用剃刀工具将剥出第一块果肉的片段切出来，然后为其添加放大效果，并对放大效果进行设置，如图8-20所示。

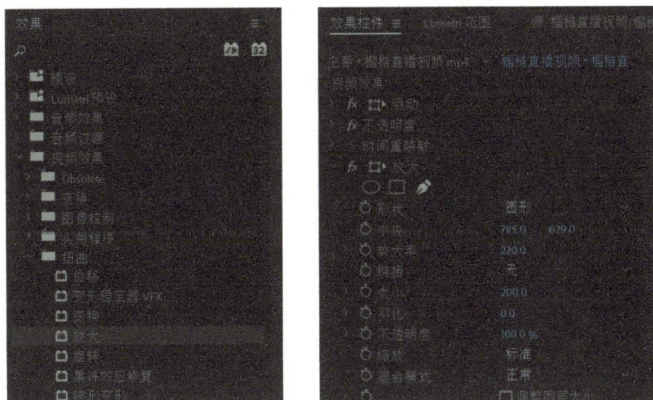

图8-20

按照相同的方法，对剥第一个榴梿的视频进行多次分割，如图 8-21 所示，按需调整各片段的速度及效果。整个视频保留剥两个榴梿的过程就可以，其余部分可以删除。

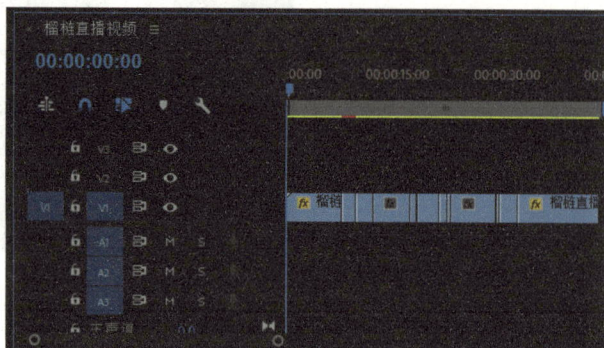

图8-21

单击【工具】面板中的【文字】按钮，然后在【节目】面板中需要添加字幕的位置单击，出现一个红色的文本框，在里面输入文字即可，然后通过效果控件设置文字的字体、大小、颜色、位置等，如图 8-22 所示。

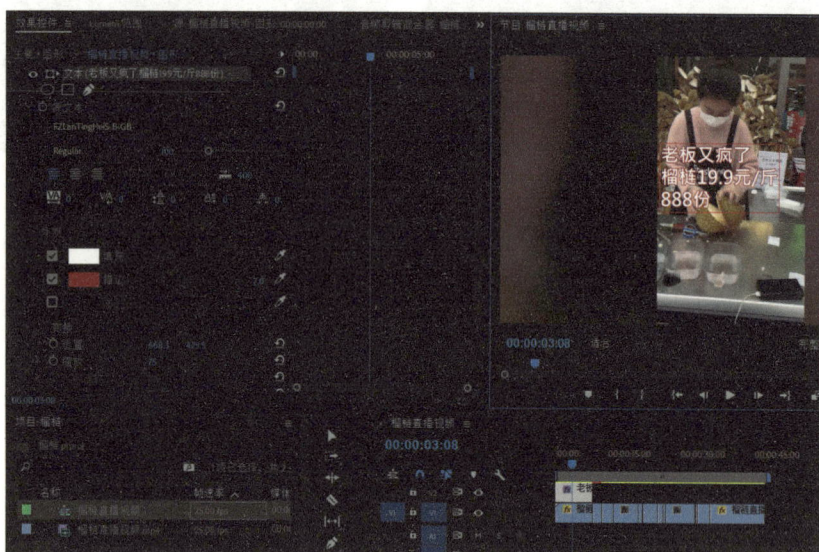

图8-22

添加字幕后，就可以导出视频了。单击【文件】菜单，在弹出的菜单中选择【导出】→【媒体】选项，如图 8-23 所示。

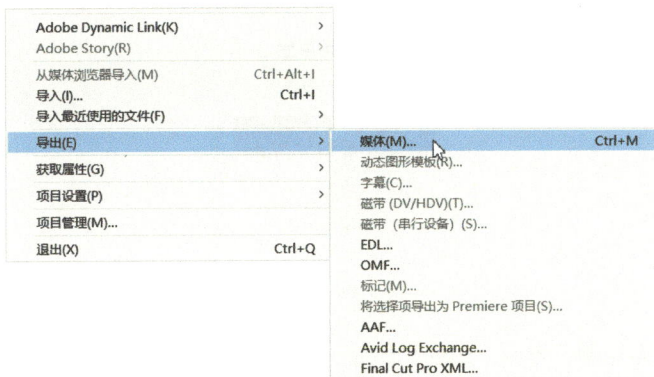

图8-23

打开【导出设置】对话框，在【格式】下拉列表框中选择【H.264】选项（即 MP4 格式），然后设置输出名称，设置完毕单击【导出】按钮即可，如图 8-24 所示。

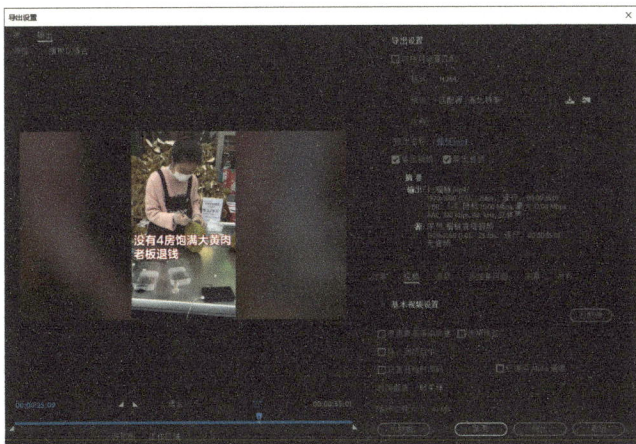

图8-24

8.4 在抖音发布直播视频切片

8.4.1 在 PC 端发布直播视频切片

在抖音平台发布直播视频切片，用户可以使用手机发布，也可以使用 PC 发布，此处因为直播切片是通过 PC 端剪辑的，我们先在 PC 端发布切片。

1. 导入直播视频切片

通过手机抖音扫码进入"抖音创作服务平台"，单击页面左上角的【发布作品】按钮，在弹出的下拉列表中选择【发布视频】选项，如图 8-25 所示。

图8-25

弹出【发布视频】界面，如图 8-26 所示，将视频拖至界面的指定区域，即可将视频导入，并自动切换到【发布视频】界面。

发布视频　　发布图文 NEW

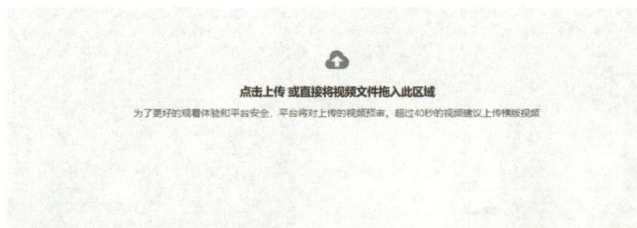

发布视频

图8-26

2. 设置视频标题、封面等

导入视频之后，用户需要设置视频的标题和封面，方便观众了解视频内容，吸引观众观看。

在标题文本框中输入一个有吸引力的视频标题，然后单击【添加话题】按钮，如图 8-27 所示。

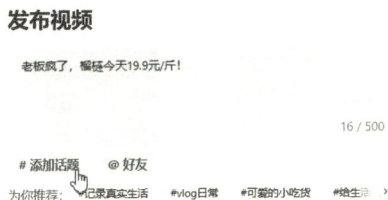

发布视频

老板疯了，榴梿今天19.9元/斤！

16 / 500

#添加话题　　@好友
为你推荐：记录真实生活　#vlog日常　#可爱的小吃货　#焰生活　›

图8-27

此时，在标题后面自动添加一个"#"，然后输入关键字榴梿，即可弹出包含该关键字的话题，用户可以从中选择几个话题，如图 8-28 所示。

老板疯了，榴梿今天19.9元/斤！#榴梿

19 / 500

# 榴梿	262.9亿
# 榴梿爱好者	107.3亿
# 榴梿控	57.8亿
# 榴梿千层	29.9亿
# 榴梿披萨	21.4亿
# 榴梿盲盒	18.2亿
# 榴梿千层蛋糕	4.7亿
# 榴梿榴梿	7.1亿

发布视频

老板疯了，榴梿今天19.9元/斤！#榴梿#榴梿控

23 / 500

#添加话题　　@好友

图8-28

单击【选择封面】按钮，弹出【选取封面】界面，从中选择一张图片作为封面，然后单击【去编辑】按钮，如图 8-29 所示。

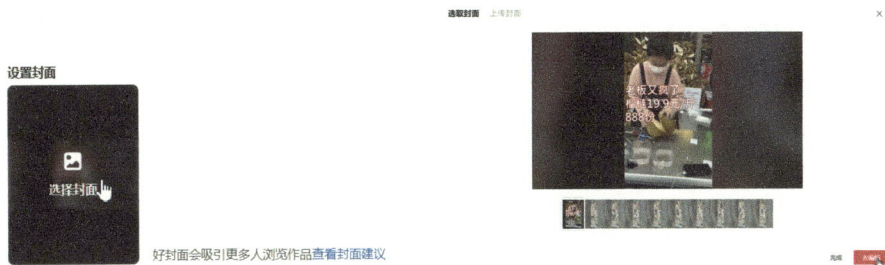

设置封面

选择封面

好封面会吸引更多人浏览作品查看封面建议

选取封面　上传封面　✕

老板又疯了
榴梿19.9元/斤
888

图8-29

封面默认是从视频中截取的，所以此处是横屏的，如果想将其设置为竖屏，可以单击【竖封面】按钮，然后单击【下一步】按钮，系统会自动对封面进行处理，单击【确定】按钮，即可完成封面设置，如图 8-30 所示。

图8-30

设置视频分类、视频标签等，如图 8-31 所示。

图8-31

3. 设置视频权限并发布

接下来还可以设置视频权限，包括是否同步到其他平台、是否允许他人保存视频、谁可以看及发布时间等，此处选中【立即发布】单选钮，即可将视频发布到抖音，如图 8-32 所示。

图8-32

|8.4.2| 在手机端发布直播视频切片

接下来再看一下如何在手机端发布直播视频切片。

打开手机抖音，点击屏幕下方中间的加号按钮，进入拍摄界面，选择【视频】选项，然后点击【相册】按钮，如图 8-33 所示。

图8-33

在手机相册中选择需要发布的视频，点击【下一步】按钮，如果想要为视频添加背景音乐，点击【选择音乐】按钮，如图8-34所示。

图8-34

打开音乐推荐界面，在其中可以选择合适的背景音乐，如果列表中没有合适的，还可以点击【搜索】按钮进行搜索，选择完毕，点击【下一步】按钮进入标题编辑界面，输入合适的标题，然后点击【话题】按钮，可以弹出热门话题列表，如图8-35所示。

图8-35

根据需求添加一个或多个话题，然后点击【选封面】按钮，弹出一个新的界面，点击【选封面】按钮，如图 8-36 所示。

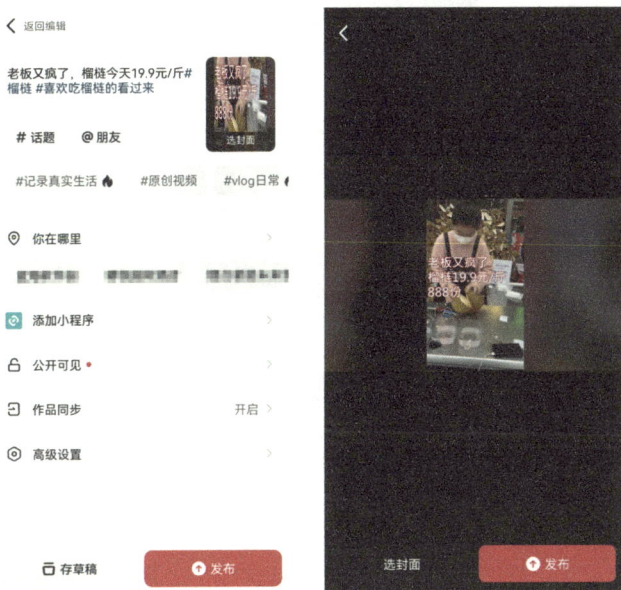

图8-36

系统会默认给出一些视频的截图，可以选择其中一张作为封面，也可以点击【相册】按钮，从手机相册中选择图片。可以看到默认的封面图片与视频比例一样，为 16:10，点击视频比例按钮可以进行切换，此处将其设置为 3:4，如图 8-37 所示。

图8-37

点击【下一步】按钮，进入模板选择界面，根据需求选择合适的模板，然后点击【保存封面】即可，如图 8-38 所示。

图8-38

点击【高级设置】按钮，可以对视频权限进行设置，之后点击【发布】按钮即可，如图 8-39 所示。

图8-39